아이의 성적격차가 갈리는

초5
공부의 비밀

아이의 성적격차가 갈리는
초5
공부의 비밀

| 송재환 지음 |

글담출판

초등 5학년 아이를 둔 부모가
가장 궁금해하는 질문

- 4학년보다 5학년이 더 중요하다는데 왜 그런가요?
- 5학년 때 성적이 중·고등학교까지 간다는데 정말 그런가요?
- 5학년이 지나면 등수 올리기가 어렵다는데 왜 그럴까요?
- 5학년 아이들이 가장 어려워하는 과목은 무엇인가요? 또 왜 그럴까요?
- 5학년 때 특별히 주의해서 관리해야 하는 과목이 있나요?
- 5학년 때 고전을 읽히면 좋다는데 무엇을 어떻게 읽혀야 할까요?
- 5학년쯤 되면 영어 회화와 문법 중 어떤 걸 시켜야 할까요?
- 글쓰기가 걱정인데 글쓰기를 어떻게 봐줘야 할까요?
- 5학년 때 어떤 기초 능력을 길러 둬야 중학교에서 성적을 올릴 수 있을까요?
- 중학교 입시가 걱정인데, 언제부터 무엇을 준비해야 할까요?

- 공부 잘하는 아이들은 평상시에 무엇을, 어떻게 공부하나요?
- 아이가 학교 수업을 잘 따라가고 있는지 어떻게 확인하나요?
- 학습량과 학습 시간, 어느 쪽을 관리하는 게 효과적인가요?
- 공책 정리를 어떻게 해야 공부에 도움이 될까요?
- 아이가 암기를 잘 못해요. 암기력을 높일 수 있는 방법이 있을까요?
- 시간이 없을 때, 예습과 복습 중 어떤 것을 하는 게 좋을까요?
- 남자아이의 공부를 도와줄 때 무엇에 주의해야 하나요?

- 사춘기 아이의 공부 지도는 무엇에 주의해야 효과적인가요?
- 제가 아이 공부에서 언제 손을 떼야 하나요?
- '공부하라'는 잔소리에서 벗어나고 싶어요. 시키지 않아도 공부하게 하는 방법은 없나요?
- 아이가 하라는 공부는 안 하고 책만 읽어요. 그래도 괜찮을까요?

- 아이가 수학을 너무 싫어해요. 고쳐 줄 방법이 없을까요?
- 수학 공부는 학원과 과외가 필수라던데, 진짜인가요?
- 수학은 반드시 선행 학습을 해야 하나요?
- 수학 문제집은 어떤 기준으로 선택해야 하나요?
- 경시대회에서 상을 받을 정도로 수학 실력이 좋던 아이가 5학년이 되면서 수학 성적이 뚝 떨어졌어요. 무엇이 문제일까요?
- 옆집 아이는 별다른 공부를 하지 않아도 국어 성적이 늘 좋아요. 열심히 하는 우리 아이는 늘 평균이고요. 왜 그럴까요?
- 아이가 사회 공부를 유독 힘들어하는데, 어떻게 도와주면 좋을까요?
- 아이가 과학에 관심도 많고 재능도 있어요. 어떻게 하면 아이의 재능을 키워 줄 수 있을까요?
- 박물관이나 유적지 등으로 체험 학습을 다녀와도 공부에 별 도움이 안 되는 것 같아요. 무엇이 잘못된 걸까요?

초등 5학년,
진짜 공부가 시작된다

교사들이 가장 꺼려 하는 학년이 몇 학년인지 혹시 알고 있는가? 이 질문을 받은 대부분의 학부모는 고개를 갸웃한다. '챙겨야 할 게 많은 1학년이지 않을까?' 혹은 '진학을 앞둔 6학년이지 않을까?' 온갖 추측이 난무한다. 그런데 놀랍게도 이 질문의 정답은 바로 5학년이다.

1, 2학년은 아이들이 학교생활에 아직 적응하지 못해 선생님의 도움이 많이 필요하지만, 선생님의 말이라면 팥으로 메주를 쑨다고 해도 믿을 정도로 천진난만하여 한없이 예쁘다. 어디 이뿐인가? 담임의 사소한 노력에도 학부모들의 반응이 폭발적이다. 우리 선생님 최고라며 박수쳐 주고, 학급 홈페이지에 글을 올리면 댓글이 순식간에 달린다. 이런 아기자기한 맛이 저학년 담임을 하는 보람일 것이다.

3, 4학년은 교사들이 가장 선호하는 학년이다. 소위 '골드 그레이드 gold grade'로 불리는 학년으로 저학년과 고학년의 장점을 다 가지고 있다. 이쯤 되면 아이들은 학교생활에 제법 익숙해져서 자기 할 일을 알아서

척척 해낸다. 게다가 선생님의 말을 여전히 법이요, 진리로 받아들이기 때문에 잘 따를 뿐 아니라 아이들 특유의 순진함이 남아 있어 귀엽다. 학부모 역시 자녀에 대한 기대감을 아직 가지고 있기 때문에 학급에 많은 관심을 기울이며 적극적으로 활동한다.

그렇다면 6학년은 어떤가? 수업 내용이 어려운 데다 6학년 교실이 붕괴되었다는 우려의 목소리가 나올 만큼 힘들어 대부분의 교사가 기피한다. 하지만 6학년만 고집하는 교사도 심심찮게 볼 수 있다. 고생한 만큼 보람이 있다는 이유에서다. 학교를 졸업한 아이들은 대부분 6학년 때 담임 선생님을 찾아온다. 다른 학년의 담임 선생님들도 분명 열심히 가르쳐 줬을 텐데 6학년 담임만 찾는 것을 보면 신기하다. 이처럼 제자가 생긴다는 측면에서 6학년 담임은 보람을 느낄 수 있다. 또한 교과 수준도 높아 가르치는 재미가 있다. 이뿐만 아니라 마지막 학년이라는 이유로 그동안 소홀했던 학부모의 관심도 늘어나니 가르치는 사람은 신이 난다.

5학년은 사정이 많이 다르다. 가르치는 입장에서 매력 요소가 하나도 없다. 수업시수는 6학년과 같은데 학교 차원의 배려나 관심은 6학년에 비해 훨씬 적다. 5학년 정도 되면 아이들이 어느 정도 성숙하여 아이다운 순수함이 많이 사라지고 지시에도 잘 따르지 않는다. 아이를 향한 학부모들의 관심도 대폭 줄어든다. 스스로 할 수 있는 나이라고 생각하는 데다 성적에 대한 기대감도 사라지기 때문이다. 하지만 이맘때 아이들은 나이만 열두 살이지 훈련이 전혀 안 되어 있기 때문에 여전히 부모의 손길을 필요로 한다. 그런데 부모의 관심과 손길이 소홀해지니 아이는 방치될 수밖에 없다. 1학년이나 6학년처럼 학부모의 관심을 받는 것도 아니고, 그렇다고 3, 4학년처럼 몸이 편한 것도 아니니 자연히 교사들 사이에서 5학년은 기피 학년이 되고 만다.

하지만 아이러니하게도 초등학교에서 가장 중요하며, 가장 많은 관심을 쏟아야 하는 시기가 바로 5학년이다. 공부의 결정적 시기로 초등 공부의 분수령이기 때문이다. 이때를 놓치면 성적 만회는 좀처럼 어렵다.

생각보다 무난히 넘어가는 3학년, 손놓고 있다 큰코다치는 5학년

6학년 아이들을 대상으로 가장 공부하기 힘들고 어려웠던 시기에 대해 조사한 결과 5학년이 압도적으로 가장 많았고, 6학년, 4학년이 그 뒤를 이었다. 그래서인지 5학년은 성적 또한 극명하게 갈린다. 특히 수학, 영어 등의 과목은 우열반을 편성하여 가르치는 것이 좋을 만큼 아이들 간 실력 격차가 극심해진다.

이런 현상에는 여러 가지 이유가 있지만 분명한 사실 중 하나는 5학년 때의 학력 차는 이전 학년을 어떻게 보냈느냐에 따른 결과물이라는 것이다. 그동안 착실히 학습 능력을 키워 온 아이들은 5학년 때부터 두각을 드러낸다. 반면에 그러지 못한 아이들은 점점 하향 곡선을 긋는다. 이 시기 발생한 학력 차는 쉽게 바뀌지 않으며 아이의 평생 성적으로 고착된다. 따라서 자녀가 초등학생인 부모들은 5학년을 주목하고 준비해야만 한다.

공부뿐 아니라 여러 면에서 5학년은 분수령이라 할 수 있다. 점차 친구와의 관계를 중시하며 자아정체성과 진로 등 철학적 고민을 시작한다. 따라서 이 시기를 놓치고 방치하면 자칫 지금까지의 부모 노력이 물거품이 될 수 있다. 지혜로운 부모라면 이 시기의 아이에게 적극적으로 관심을 쏟고 도와줘야 한다. 그러기 위해서는 5학년에 대해 충분히 이해하고 어떻게 도와줘야 할지 알고 있어야 한다.

한번은 학부모 면담 때 한 어머니가 이런 푸념을 늘어놓았다. 말도 잘

들고 공부도 잘하던 아이가 5학년 때부터 돌변했다는 것이다. 반항심이 부쩍 늘고 하라는 공부도 안 하고 만날 게임에 빠져서 산다고 했다. 그 어머니의 이야기를 들으면서 대단히 안타까웠다. 5학년이라는 특성을 미리 알고 준비했더라면 이를 미연에 방지하거나 혹은 문제를 최소화할 수 있었을 텐데 말이다.

벌써 5학년? 아직 늦지 않았다!

처음 이 책을 쓰게 된 동기는 많은 학부모가 근거도 없는 3, 4학년 위기설에 휘둘려 정작 가장 중요한 5학년을 놓치는 현실을 바로잡아 주고 싶다는 마음에서였다. 설령 5학년의 중요성을 안다고 해도 어떻게 도와 줘야 할지 몰라 답답해하는 학부모가 많다. 그들의 갈증을 조금이나마 해소해 주고 싶었다.

이를 위해 전체적으로 5학년의 중요성과 무엇을 중점적으로 준비하고 대비해야 하는지에 대해 자세히 언급했다. 학교 현장 경험을 바탕으로 과목별 특징을 집중 해부하여 소개하고, 그 특징에 맞게 부모가 무엇을 보완하고 어떤 부분을 도와줘야 하는지를 자세히 담았다. 또한 중학교 진학과 글쓰기 내용을 자세히 다루었다. 이밖에도 새롭게 발견한 사실이나 공부법을 자세히 알려 주고자 했다. 앞에서 소개한 '초등 5학년 아이를 둔 부모들이 가장 궁금해하는 질문'에 대한 답을 모두 얻을 수 있을 것이다.

이 책을 통해 5학년의 중요성과 특성을 알고, 5학년 때 갖추어야 할 능력과 과목별 공부법에 대한 이해도를 높여, 아이 성적을 향상시키는 결정적 계기를 마련해 주길 바란다. 5학년은 아이들의 12년 학교생활 중 다른 어떤 학년과 비교할 수 없을 만큼 중요한 시기이기 때문이다.

초등 교사 송재환

3장 5학년 국어, 무엇이 어려워질까?

빠르게 주제를 파악하는 능력과 논리적 글쓰기에 비상등이 켜진다

4장 5학년 수학, 무엇이 어려워질까?

수학의 첫 번째 위기, 선행 학습보다 분수가 먼저다

8장 중학교 진학, 이것을 준비해야 한다

9장 5학년 아이를 둔 부모님에게

5학년, 초등 공부의
결정적 시기

5학년,
초등 공부의 분수령

"선생님! 걱정이에요. 4학년부터는 공부가 어려워져서 더 열심히 해야 한다는데⋯⋯. 학원에 보내지 않던 엄마들도 요즘 이곳저곳 알아본다고 난리예요. 어떻게 해야 하죠?"

4학년 담임을 하다 보면 이런 질문을 참 많이 받는다. 많은 부모님이 자녀가 4학년이 되면 본격적으로 공부를 시켜야 한다는 중압감에 시달리는 것 같다. 먼일 같던 중학교 입학이 슬슬 가까워지기 때문일테다.

이제까지 '아이 때는 놀아야 한다'는 소신으로 학원에 보내지 않고 자유롭게 놀리던 엄마들도 4학년이 되면 돌변한다. 더군다나 항간에 "4학년이 평생 성적을 좌우한다"는 말까지 나도니 부모로서는 불안하기 이를 데 없다. 이래저래 4학년은 아이보다 부모가 마음의 갈피를 잡지 못하고 갈팡질팡하는 시기다.

하지만 4학년에 대한 불안감은 부모 스스로 조장하고 과장한 면이 있다. 4학년 위기설은 다분히 1~3학년을 저학년, 4~6학년을 고학년으로 나누는 이분법적 사고에서 비롯된 측면이 크기 때문이다. 학년을 저학년과 고학년으로 나누는 이분법적 사고에 의하면 고학년이 시작되는 4학년이 중요하게 보일 수밖에 없다.

최근에는 위기 학년이 더 내려와 3학년 위기설이 휩쓸기도 했다. 3학년이 되면서 배워야 하는 교과목이 기존 5과목에서 9과목으로 늘어나고 교과서 두께도 엄청 두꺼워지고 글밥도 현격하게 많아지니 위기 의식을 느낄 만하다. 경각심을 갖는 것은 좋지만 지나치게 위기 의식을 느낄 필요는 없다. 학교 현장에서 20년 넘게 지도하면서 지켜본 결과 실질적 위기가 찾아오는 결정적 시기는 바로 5학년이다.

5학년이 되면 공부 잘하는 아이와 그렇지 못한 아이가 갈리고, 남자아이와 여자아이 간의 성적 격차가 발생하는 등 성적의 갈림 현상이 뚜렷해진다. 아이의 진짜 실력이 극명하게 드러나는 것이다. 또 저학년 때부터 아이의 내면에 쌓인 공부 정체감이 이 시기에 발현되어 완성된다. 공부 정체감이란 쉽게 말해 스스로 공부를 잘하거나 못한다고 여기는 생각이다. 이때 형성된 공부 정체감은 이후 잘 변하지 않으며 공부에 결정적인 영향을 끼친다.

이 시기 아이를 어떻게 지도하고 이끌어 주느냐는 향후 아이의 공부 운명을 결정짓는 잣대가 된다. 심리적인 불안감 정도인 3, 4학년과 달리 현실적인 대응이 필요한 시기가 바로 5학년이다. 그렇다면 5학년이 되면 구체적으로 어떤 점들이 달라지는 걸까?

학습 격차가
눈에 띄게 벌어진다

초등학생이 가장 공부하기 힘들어하는 시기는 언제일까? 바로 5학년이다. 물론 어떤 아이는 1학년이, 또 어떤 아이는 6학년이 가장 어려웠다고 대답하기도 한다. 하지만 대부분 주저 없이 5학년을 꼽는다.

왜 그럴까? 그 이유는 이 시기에 교과 수준이 현격하게 높아지기 때문이다. 교과서를 비교하면 쉽게 이해할 수 있다.

초등학교 교과서는 1·2학년군, 3·4학년군, 5·6학년군으로 나뉘고 학년군별로 확연하게 차이가 난다. 2학년 교과서와 3학년 교과서를 비교하면 정말 차이가 크다. 교과서 가짓수도 늘지만, 글자가 작아지고 페이지당 글밥이 많아진다. 이 때문에 아이들은 3학년이 되어 교과서를 새로 받은 뒤 충격을 받는다. 하지만 5학년 때 받는 충격은 이때의 충격을 뛰어넘는다.

4학년 교과서와 5학년 교과서를 살짝만 비교해도 알 수 있다. 이전 학년보다 그림의 비중은 확 줄어들고 글밥은 확연히 많아진다. 교과서 두께도 매우 두꺼워진다. 국어 교과서의 경우 300쪽을 훌쩍 넘는다. 심리적으로 위축될 수밖에 없다.

수학, 포기자가 나오기 시작한다

공부를 잘하는 아이와 못하는 아이의 성적 차가 가장 확연한 과목은 무엇일까? 말도 많고 탈도 많은 영어일까? 아니면 국어일까? 바로 수학이다. 수학은 우등생과 열등생을 가르는 가장 중요한 과목이다. 국어나 영어는 잘하는 아이와 못하는 아이 간의 격차가 그리 크지 않다. 아무리 잘하는 아이도 100점 받기 어려우며 아무리 못하는 아이도 0점 받는 일이 드물다. 공부를 잘하든 못하든 국어와 영어 성적은 일반적으로 50~100점 사이에 분포한다. 하지만 수학은 그렇지 않다. 못하는 아이의 점수는 그야말로 하한선이 없다. 고학년일수록 그리고 시험이 어려울수록 수학 점수의 하한선은 0점에 가까워지는 특징을 보인다.

이런 현상은 대입 시험인 수능에서도 마찬가지다. 수능에서 제일 중요한 것은 수학 과목의 문제 난이도다. 다른 과목은 난이도에 따른 점수 차가 작은 반면 수학은 점수 차가 확연히 크기 때문이다. 수학은 대학 입시에 가장 큰 영향력을 미치는 과목이다. 그런데 수학에서 점수 차가 벌어지기 시작하는 시점을 분석해 보면, 그 시발점이 초등 5학년임을 알 수 있다.

한국교육개발원 자료에 의하면 입학 당시 초등학생의 평균 수학 실력은 1.8학년이라고 한다. 즉 2학년 실력으로 입학한다는 뜻이다. 실제로 자녀가 입학할 때 수학 실력이 어느 정도였는지 생각해 보면 고개가 끄덕여질 것이다. 보통 1~100까지 수 세기는 물론이고 간단한 덧·뺄셈 정도까지는 익히고 입학한다. 하지만 졸업할 때 초등학생의 수학 실력은 4.2학년에 불과하다고 한다. 쉽게 말해 2학년 수학 실력으로 입학했다가 4학년 초반의 수학 실력으로 졸업한다는 것이다. 수학을 6년 동안 배우는데 실력이 3년도 늘지 않은 셈이다.

왜 이런 현상이 일어났을까? 바로 분수 때문이다. 초등학교에서 배우는 수는 크게 자연수와 분수로 나뉜다. 3학년 때는 만 자리까지 익히고, 4학년 때는 만 자리 이상의 수를 익힌 후 이를 이용한 사칙연산을 완성한다. 이처럼 4학년까지는 자연수를 집중적으로 배우는데, 아이들은 기본적으로 자연수에 대한 거부감이 적다. 일상생활 속에서 접하는 수이기 때문이다.

하지만 분수는 자연수에 비해 굉장히 추상적인 수인 탓에 아이들의 심리적 저항이 만만치 않다. 현행 교육 과정에서 분수는 3학년 때 처음 배운다. 3학년 아이들에게 $\frac{1}{2}$이 무엇이냐고 물으면 '똑같이 둘로 나눈 것 중의 하나'라고 비교적 정확하게 대답한다. 또 $\frac{1}{2}$과 $\frac{1}{4}$ 중 어느 것이 더 크냐고 물으면 당연히 $\frac{1}{2}$이 크다고 답한다. 하지만 방울토마토 $\frac{1}{2}$개와 사과 $\frac{1}{4}$개 중 어느 것이 더 크냐고 물으면 사과 $\frac{1}{4}$개가 더 크다고 대답하면서 고개를 갸우뚱한다. 왠지 좀 이상하다는 것을 느끼기 때문이다. 이것은 분수의 개념을 정확히 모르고 있다는 뜻이다.

심지어 5학년 중에도 분수 개념을 모르는 아이가 많다. 그런데 5학년 수학은 직간접적으로 분수와 관련된 단원이 절반 가까이 되고, 분수의 기본 개념을 바탕으로 분수의 사칙연산을 완성해야 한다. 아이들은 기본 개념도 잡혀 있지 않은 분수의 사칙연산을 해야 하니 고문을 받는 것처럼 힘들어한다. 그러다 보니 개념을 이해하기보다 문제 푸는 기술을 익히려고 한다. 심지어 문제 푸는 방법을 통째로 암기한다. 이 과정에서 많은 아이가 수학을 포기하고 수포자(수학을 포기한 자)의 길에 들어선다. 5학년이 수학 공부의 첫 번째 난관인 셈이다.

6학년 혹은 중학교 1, 2학년 중 수학을 포기한 아이들의 십중팔구도 5학년 분수 과정에서 탈이 난 경우다. 5학년 때 간신히 위기를 모면한다고 해도 충분히 이해하지 못한 부분은 언젠가는 성적의 발목을 잡아 포기하게 만든다. 이처럼 수학은 성적의 1차 거름장치 역할을 한다.

국어, 문해력을 넘어선 논리력을 요구한다

아이들 사이에서 가장 평이 갈리는 과목은 국어다. 어떤 아이에게는 공부할 필요 없는 효자 과목이고, 어떤 아이에게는 도대체 무엇을, 어떻게 공부해야 할지 알 수 없는 문제 과목이다.

이것은 국어의 특징 때문이다. 국어 실력은 독서와 밀접한 관련이 있다. 국어는 글을 읽고 이해하는 문해력이 무엇보다 중요한데, 이 능력은 독서를 통해 자연스럽게 길러진다. 평소 책을 많이 읽은 아이와 그러지 않은 아이의 성적은 학년이 올라갈수록 벌어지며, 5학년 정도 되면 그 차이가 확연해진다. 이것은 단순히 점수 차로만 끝나지 않는다. 책을 충분히 읽지 않은 아이는 5학년 시기에 이루어져야 할 '논리기'에 제대로 접어들지 못하는 경향을 보인다.

5학년은 사실을 단순히 인식하고 받아들이는 이해 단계에서 사실을 바탕으로 논리적인 사고를 전개하는 단계로 발전해야 한다. 또한 명백한 근거를 들어 자신의 주장을 펼칠 수 있어야 한다. 하지만 충분한 독서를 하지 못해 이에 필요한 기본 능력을 갖추지 못한 아이들은 수업을 따라가기 힘들어한다. 5학년 국어에는 논리적인 이해를 요구하는 내용이 많이 등장하기 때문이다.

예를 들어 4학년까지는 시나 이야기 형식의 지문이 대부분이라면, 5학년부터는 지문의 출처와 장르가 다양해진다. 설명문과 논설문이 많이 등장하고, 글 속에서 이유, 논거를 찾고 토의·토론하는 활동이 주를 이룬다. 따라서 독서를 통해 논리기에 접어들지 못한 아이들은 수업에 어려움을 느낀다. 또한 글에 직접적으로 드러나지 않는 내용을 추론하는 활동도 나오는 만큼 논리력을 반드시 갖춰야 한다.

무엇보다 가장 큰 변화는 쓰기 영역의 강화다. 1학기에는 '글쓰기의 과정', 2학기에는 '겪은 일을 써요'와 같은 단원을 통해 글쓰기를 체계적으로 공부하는 시간을 가진다. 독자를 고려하여 주제, 목적에 맞는 글쓰기를 연습할 뿐만 아니라 분류, 분석, 예시, 비유 등의 서술 방식을 사용하여 점점 구조화된 짜임새 있는 글을 쓰도록 가르친다. 지금까지 독서 습관 만들기에 집중했다면 5학년부터는 글쓰기 습관에 관심을 가져야 한다.

또한 5학년 국어에는 문장 구성 성분(주어, 목적어, 서술어) 등 아이들이 어려워하는 문법이 등장하기 시작한다. 동형어(형태가 같은 낱말), 다의어, 단일어, 복합어와 같은 문법 용어가 많이 나온다. 이와 더불어 의사소통과 관련된 내용도 많이 등장한다. 예를 들어 시제(과거, 현재, 미래)의 표현, 반어적 표현, 관용적 표현 등을 사용하여 말하는 방법 등을 배운다. 이러한 일련의 활동을 통해 조리 있게 말하는 능력을 가르치는 것이다.

이는 이후 국어 학습에 바탕이 되는 뿌리 개념으로, 5학년 때 이를 놓치면 계속 뒤처지게 된다.

사회, 다루는 지역은 넓어지고 5000년 역사를 배운다

아이들이 5학년을 힘들어하는 이유 중 수학 다음으로 꼽는 것이 사회다. 5학년 사회는 아이들이 좋아하려야 좋아하기 힘든 내용 구성이다. 5

학년 사회 내용을 한마디로 요약하면 '우리나라'다. 1학기에는 우리나라의 자연환경과 인문 환경 그리고 법에 대해 배운다. 2학기에는 우리나라의 역사에 대해 고조선부터 근현대사인 6·25전쟁까지 훑는다. 예전에는 6학년 때 1년에 걸쳐 배우던 내용들이다. 흥미가 떨어지는 내용인 데다 분량이 너무 많아 이 시간만 되면 아이들의 비명이 터져 나온다.

사회 과목은 아이들의 인지발달 측면과 사회적 경험 등을 고려하여 내용이 구성된다. 3학년은 주로 우리가 사는 고장의 생활 모습에 대해 배우고, 4학년은 시·도로 공간적 범위를 확장하여 지역 사회의 생활 모습에 대해 배운다. 이때까지만 해도 아이들이 제법 무난하게 내용을 받아들인다. 자신이 사는 지역의 이야기가 많이 등장하고 현장 학습도 자주 다니기 때문이다.

하지만 5학년이 되면 이야기가 달라진다. 1학기에는 '인권 존중과 정의로운 사회' 단원을 통해 어른들도 머리 아파하는 법, 인권, 재판, 헌법, 기본권과 같은 법적 용어들을 두 달 넘게 배운다. 하지만 이것은 서막에 불과하다. 2학기에는 우리나라 역사를 배운다. 역사는 흥미를 가지는 아이들도 있지만 대부분은 어려워한다. 용어 자체가 낯설고 아이들의 시^時감각이 몇 백 혹은 몇 천 년 전 역사를 배우기에는 한계가 있기 때문이다. 물론 교과서는 역사의 시계열성(시간의 흐름에 따른 기록)을 살리면서도 초등학생이 쉽게 접근할 수 있는 생활사, 문화사, 인물사 중심으로 내용이 구성됐고, 다양한 이야기와 삽화로 재미있게 서술되어 있다. 그럼에도 불구하고 역사를 어려워하는 아이들이 많고, 역사에 관심 없는 아이들은 사회 시간에 하품하기 일쑤다.

역사 공부를 도와주는 최적의 방법은 배경지식을 늘려 주는 것이다. 배경지식이 많을수록 역사를 재미있어하고 쉽게 받아들인다. 하지만 그렇지 못할 경우 역사에 대한 흥미를 잃거나 암기 위주의 학습에 빠져들 우려가 있다. 5학년 사회 과목을 잘하기 위해서는 무엇보다 역사 관련 도서들을 많이 읽혀서 역사적 배경지식을 늘리는 것이 매우 중요한 선행 작업이라 할 수 있다.

과학, 탐구력과 실험 능력이 중요해진다

국어나 사회 과목은 교육 과정이 바뀔 때마다 내용이 상당히 많이 바뀐다. 하지만 교과의 특성상 수학과 과학은 내용이 별로 바뀌지 않는다. 수학 개념이나 과학적 사실 등은 쉽게 바뀌는 것이 아니기 때문이다. 현행 과학은 2015 개정교육과정에 근거해 개정되었지만, 교과 내용은 이전과 크게 다르지 않다. 심지어 '온도와 열', '태양계와 별', '용해와 용액', '산과 염기', '물체의 운동' 등은 단원명도 바뀌지 않고 그대로다.

다만 한 가지 눈에 띄게 달라진 점이 있다면, 바로 '탐구 역량 강화'다. 관찰, 분류, 측정, 예상, 추리, 의사소통과 같은 탐구 능력을 키울 수 있도록 교과서를 구성했을 뿐 아니라 학기마다 첫 단원으로 탐구 활동을 하는 단원을 배치했다.

5학년 1학기에는 '과학자는 어떻게 탐구할까요?', 2학기에는 '재미있는 나의 탐구'라는 단원을 통해 '사인펜의 색깔에 따라 섞여 있는 색소가 같을까?' '페트병으로 1분을 측정하는 모래시계를 어떻게 만들까?'처럼 일상생활에서 탐구 활동을 해볼 수 있는 주제를 다룬다. 즉 스스로 꼬마 과학자가 되어 일상에서 탐구 주제를 선정하고 계획을 세우고 실행하여 결과를 발표하는 일련의 과정이 담겨 있다.

이 탐구 단원에 대한 호불호는 극명히 갈린다. 굉장히 좋아하고 적극적으로 참여하는 아이가 있는 반면에 힘들어하고 회피하는 아이가 있다. 후자의 경우, 크게 2가지 이유다. 탐구 경험이 부족하거나 탐구 결과 보고서를 작성하고 발표하는 걸 어려워하기 때문이다. 이는 교사나 부모의 도움이 필요하다. 이때 제대로 습득해 놓지 않으면 이후 학년에서 배우게 되는 탐구 과제마다 자신감이 하락한다. 탐구 단원은 5학년 과학에서 가장 관심을 기울이고 도움을 줘야 하는 단원이다.

내용 면에서도 4학년 때보다 추상적이고 어려워진다. 인지발달상 구체적 조작 단계에서 형식적 조작 단계로 넘어가는 시기이기 때문이다. 구체적 조작 단계란 이해 과정에서 구체적 조작 활동을 반드시 요구하지만, 형식적 조작 단계는 이해 과정에서 구체적 조작 활동 없이 머릿속 상상만으로 충분한 수준을 말한다.

하지만 아이들은 여전히 구체적 조작기에 머물러 있는 경우가 많다. 그래서 급격히 달라진 교과서를 보고 심리적 충격에 빠지는 것이다. 5학년 자녀를 둔 부모나 앞으로 5학년이 될 자녀를 둔 부모라면 이 점을 유넘해야 한다. 그리고 자녀에게 아직 이런 학습이 무리라고 생각된다면 가급적 책상머리 공부보다는 활동과 조작 체험 위주의 공부를 권해야 한다. 공부에 흥미를 계속 가질 수 있도록 배려해 줘야 한다.

엄마 공부에서
아이 공부가 시작된다

"아이의 저학년 때 성적은 엄마 성적이다"라는 말이 있다. 거의 맞는 말이다. 저학년 때는 엄마가 아이에게 얼마나 관심을 쏟느냐에 따라 자녀의 성적이 달라지기 때문이다. 다만 그 관심이 아이에게 긍정적인 영향을 미치느냐 아니면 부정적인 영향을 미치느냐의 차이가 있을 뿐이다.

저학년 때는 엄마가 조금이라도 신경 쓰면 아이 성적이 확 올라가고 조금만 관리를 소홀히 해도 곤두박질한다. 공부를 잘하던 아이의 성적이 갑자기 떨어졌을 때 그 아이에게 "엄마 요즘 바쁘시니?"라고 물으면 거의가 그렇다고 대답한다. 엄마의 관심이 저학년 자녀의 성적에 절대적인 영향을 미치는 것이다. 그러다 보니 저학년 아이들의 성적은 실상 그렇게 신뢰할 만한 것이 못 된다. 본인의 실력이라기보다 엄마의 실력일 확률이 높기 때문이다.

하지만 5학년 정도 되면 아이 성적에 미치는 엄마의 영향력이 현저하게 줄어든다. 5학년부터는 엄마 실력이 아닌 아이의 실력이 나오기 시작한다. 앞서 언급했듯이 5학년부터 교과 수준이 어려워진다. 엄마가 학업을 도와주는 데 한계가 생길 수밖에 없다. 아이 역시 엄마의 말에 순응하는 나이가 지났다. 그 결과 자연스럽게 아이 실력이 나오기 시작한다.

그동안 스스로 공부하는 힘을 키워 온 아이라면 잘 해내겠지만, 그러지 못한 아이는 방황하고 흔들릴 수밖에 없다. 즉 '자기주도학습 능력'을 갖추지 못한 아이는 점점 성적이 떨어지게 된다. 공부하라는 잔소리도 효과가 없고 엄마가 더 이상 가르쳐 줄 수도 없다. 게다가 혼자 공부하는 법도 모르니 성적이 좋을 리 없다.

아이가 자기주도학습 능력을 갖춰 자연스럽게 공부 주도권이 엄마에게서 아이로 넘어간다면 가장 이상적이겠지만 그런 경우는 드물다. 만약 아이가 아직 홀로서기 준비가 안 됐다면 5학년은 자기주도학습 능력을 잡아 줘야 하는 마지막 학년이라고 할 수 있다. 이때 갖춰야 할 능력에 대해서는 2장에서 자세히 소개하겠다.

널뛰던 성적이
안정된다

저학년 성적은 그야말로 널뛰기다. 성적이 일정한 아이들도 있지만 많은 아이가 시험 때마다 반에서 10~20등 정도의 차이가 발생한다. 특히 남자아이들이 이러한 양상을 보인다. 4학년까지 중간고사에서 20등 한 아이가 기말고사에서 5등 하는 경우는 매우 흔한 일이다. 하지만 5학년이 되면 이런 일이 드물어진다. 5학년 이전 성적을 낙폭이 매우 큰 '널뛰기 유형'이라고 한다면 5학년 이후 성적은 안정화된 '박스권 유형'이라고 할 수 있다.

이러한 변화가 일어나는 것은 5학년부터 교과 내용이 매우 어려워지기 때문이다. 수학의 경우 이미 4학년 때부터 많은 부모가 아이의 질문을 겁낸다. 어른도 버거워할 만큼 교과 내용이 어려워지기 때문에 소위 말하는 벼락치기가 점점 통하지 않게 된다. 그 대신 평상시 얼마나 성실하게 공부했는지, 혹은 공부 습관이 얼마나 잘 잡혀 있는지가 성적을 좌우한다.

또한 5학년은 독서가 성적에 미치는 영향력이 극명해지는 시기다. 4학년까지는 단편적이며 구체적인 사실에 대한 이해가 학습의 전부여서 그 차이가 별로 드러나지 않는다. 하지만 5학년부터는 추상적이고 복합적인 내용을 이해하고 추론해야 한다. 이때 독서를 통해 쌓은 어휘력, 이해력, 배경지식 등이 요구된다. 학년이 올라갈수록 책을 많이 읽은 아이와 그렇지 않은 아이 사이의 성적 격차가 현격하게 벌어지는 것도 이 때문이다.

그러다 보니 5학년 성적은 고착되기 쉽다. 5학년 성적이 향후 중·고등학교 성적이 될 가능성이 높은 것이다. 더욱이 이 무렵 많은 아이가 사춘기에 접어든다. 이 시기 공부를 좌우하는 것은 앞에서도 언급한 적 있는 공부 정체감이다. 공부를 자신이 잘한다는 자신감을 가진 아이와 그렇지 않은 아이는 향후 공부에서 굉장한 차이가 난다. 공부 정체감은 초등학교 입학 이후 여러 경험이 쌓여 형성된다. 아이는 받아쓰기나 단원평가와 같은 크고 작은 시험을 거치며 스스로를 평가하게 된다. 그 평가에 기반하여 형성된 공부 정체감은 3·4학년을 거치면서 굳어지기 시작한다. 그러다 5학년 정도 되면 어지간한 외부충격이 아니고는 부서지지 않을 정도로 견고해진다.

그런데 이전까지 공부를 잘했다 하더라도 사춘기가 시작하는 5학년 때 공부에 뒤처지기 시작하면 공부 정체감이 흔들려 심각한 타격을 받을 수 있다. 저학년 때 시험 한 번 잘 보고 못 보는 것은 크게 신경 쓰지 않아도 된다. 하지만 5학년부터는 세심하게 살펴야 한다. 성적이 떨어졌다면 왜 떨어졌는지 그 이유를 분석하고 적극적으로 대처해야 한다. 5학년 성적이 그야말로 평생 성적을 좌우할 수 있기 때문이다.

남녀 간 성적 격차가
확 벌어진다

5학년의 또 다른 특징은 남녀 간의 성적 격차가 뚜렷해진다는 것이다. 단순히 성장 속도의 차이로 치부하기에는 그 정도가 심해지고 있다.

초등학교 현장에서 성적 격차와 함께 눈에 띄는 변화 중 하나가 전교 회장단의 구성비다. 과거에는 남자아이가 전교 회장이 되는 경우가 많았는데 요새는 남자 전교 회장을 찾기가 쉽지 않다. 중·고등학교로 올라갈수록 이 현상은 심화돼 남녀 공학에 다니는 남학생들이 성적이 좋은 여학생들을 피해 남학교로 전학 보내 달라는 민원이 이어지고 있다는 뉴스를 심심치 않게 볼 수 있다.

남녀별로 과목 선호도도 명확해지는데, 남자아이들은 수학, 과학, 여자아이들은 국어, 영어를 선호한다. 과목에 대한 남녀별 선호도는 고스란히 성적 차이로 이어진다. 하지만 수학이나 과학 같은 일부 과목을 제외하면 대부분의 과목에서 남자아이들이 여자아이들에게 뒤처지고 있는 실정이다.

국어나 영어는 여자아이들이 남자아이들에 비해 월등하게 성적이 좋다. 이것은 상·하급반의 남녀 비율만 봐도 알 수 있다. 필자가 근무하는 학교는 수학, 영어만 수준별 수업을 실시하고 있다. 영어의 경우 상급반의 남녀 비율은 여자가 80~90%로 압도적인 데 반해, 수학의 경우 상급반의 남녀 비율이 거의 비슷하다. 상대적으로 여자아이들의 학업 능력이 뛰어난 것이다. 남자아이들은 자기조절 능력이 여자아이들에 비해 다소 부족하다. 이런 점을 고려하지 않고 고학년이 되었다고 아들에게 혼자 알아서 공부하라고 하면 성적에 그대로 반영되어 나타난다. 남자아이 5학년은 오히려 관심과 분발이 필요한 시점이라고 할 수 있다.

그렇다면 딸을 둔 부모는 안심해도 될까? 그렇지 않다. 수학의 경우 시험이 조금만 어렵게 출제돼도 여자아이들은 큰 타격을 받는다. 위기대처 능력은 남자아이들이 훨씬 뛰어나기 때문이다. 또 남자아이들은 한번 하고자 마음먹으면 엄청난 집중력을 발휘한다. 실제로 학년이 올라갈수록 성적 격차를 좁히더니 결국 상위권에 진입하는 경우도 심심치 않게 볼 수 있다. 단 이를 위해서는 아들에게 흔들리지 않는 부모의 믿음을 보여 줘야 한다는 것을 꼭 명심하길 바란다.

남녀 간 성적 격차에서 간과하지 말아야 할 사실은 이것이 곧 남녀의 생물학적인 격차를 의미한다고 단정 지어서는 안 된다는 점이다. 앞서 수학은 남학생이 여학생에 비해 잘한다고 했지만 국제학업성취도평가

PISA 등을 보면 중국이나 인도네시아 등은 오히려 여학생의 수학 학업 성취도가 남학생보다 높다. 남녀 성별에 따른 학업 성취도의 격차는 남녀의 생물학적인 차이보다 후천적인 환경 요인이 더 크다는 것을 꼭 기억하길 바란다.

성적을 뒤흔드는 강력한 변수,
사춘기가 온다

한 5학년 남자아이가 쓴 '시간'이라는 제목의 일기를 한 편 소개하고
자 한다.

제목 시간

내가 정말 한심하다. 시간이 많았음에도 그 시간을 잘 활용하지 못했기 때문이다.
'만약 내가 시간을 알차게 보냈다면, 저녁에는 좀 더 편하게 하고 싶은 것을 하며 보낼
수 있었을 텐데…….'
모든 사람에게 똑같이 주어지는 24시간. 아마 나는 자는 것 빼고는 제대로 사용하지
못하는 것 같다. 사실 지난주에도 이런 반성을 했었는데 전혀 나아지지 않았다. 다음
에 또 이런 반성을 한다면 나 자신이 너무 부끄러울 것 같다. 그리고 아마 나를 믿지 못
하게 될 것이다. 앞으로 주어진 시간을 잘 활용하겠다고 다시 한번 다짐한 주말이었다.

일기에서 철학적 사색이 느껴지지 않는가? 5~6학년 일기 검사를 하다 보면 '나는 누구인가?' '삶이란 무엇인가?' '어떻게 사는 것이 올바른 삶일까?'와 같은 철학적인 고민을 담은 내용을 종종 접하게 된다. 이는 아이들이 사춘기에 접어들었음을 의미한다.

사춘기가 빨라져 요즘에는 4학년 때 겪는 아이도 있지만, 대부분 5학년 때 시작하고 상대적으로 여자아이들이 사춘기를 빨리 겪는다. 우리나라 여자아이들의 평균 초경 나이가 12.7세라고 하니, 딱 5학년이다. 그래서인지 이 무렵 아이들은 어린이 티가 많이 사라지고 제법 소녀·소년 같은 면모를 보인다.

아이 인생에서 사춘기는 참으로 중요한 전환점이 되곤 한다. 그것이 긍정적인 경우도 있지만, 극단적으로 부정적인 결과를 낳는 경우도 많다. 어려서는 착하고 똑똑해 부모의 자랑이던 아이가 사춘기 때 어긋나면서 전혀 다른 사람이 되는 것을 종종 본다. 자녀가 사춘기를 잘 넘길 수 있도록 준비하고 도와주는 부모의 섬세함이 필요하다.

다양한 사춘기 신호

사춘기에 접어든 아이들은 다음과 같은 몇 가지 행동 특징을 보인다.

첫째, 이유 없는 반항이 늘어난다. 부모의 말에 말꼬리를 물고 늘어지며 무엇 하나 고분고분 듣지 않는다. 4학년 때까지만 해도 부모가 시키면

하기 싫어도 따르던 아이들이 5학년이 되면 본격적으로 반항하기 시작한다. 부모가 시킨다고 무조건 하는 것이 아니라 자기 나름대로 생각하고 판단하여 하고 싶은 일만 한다.

만약 자녀가 부쩍 반항과 말대답이 늘었다면 사춘기가 왔다는 신호다. 이 시기가 오면 부모는 자녀를 더 이상 아이가 아니라 자신만의 사고가 확립된 인격체로 대해 줘야 한다. 공부 역시 일방적으로 시키기보다 자녀의 의견을 존중하여 함께 공부 계획을 세워야 한다.

둘째, 자신의 일에 간섭하면 싫어한다. 사춘기 아이들은 부모가 방문을 벌컥 열거나 함부로 방에 들어오는 것을 싫어한다. 한마디로 비밀이 많아진다. 어떤 부모는 자녀의 이런 변화를 서운해하는데, 그럴 필요가 전혀 없다. 간섭받기 싫어하는 것은 홀로서기를 시작했다는 신호다. 아주 자연스러운 성장 과정이다.

하지만 자녀의 이런 행동은 종종 부모의 애간장을 태운다. 간섭하지 말라면서 일을 엉망으로 처리하니 속이 탄다. 마음 같아서는 한 대 쥐어박고 싶지만 이제 컸다고 그럴 수도 없다. 이때는 가능한 아이 스스로 일을 계획하고 결정할 수 있도록 배려하되, 그 결과에 대한 책임 역시 아이가 지도록 해야 한다. 이를 통해 아이의 책임감을 키워 주고 홀로서기를 도울 수 있다.

셋째, 관심 있는 분야에 빠지기 시작한다. 사춘기 아이들은 무언가에 빠지면 자신의 모든 것을 바칠 듯이 달려든다. 그만큼 자신의 넘치는 열정을 어딘가에 쏟아붓고 싶어 한다. 문제는 그 열정의 대상이다. 가치관이 올바로 잡힌 아이라면 그 대상의 가치를 분명히 따지지만, 대부분의 아이는 여기까지 생각이 미치지 못한다. 그래서 게임, 연예인, 유튜브 등에 빠져든다. 사람은 자신의 열정을 어디에든 쏟아야 한다. 그 대상이 긍정적이도록 도와주는 것이 부모의 역할이다.

유유상종類類相從이라는 말이 있듯이 이때부터는 관심 분야가 같은 아이들끼리 친구가 된다. 엄마나 동네에 의해 친구가 결정되었던 이전과는 판이하다. 공통된 관심 분야로 형성된 친구 관계는 결속력과 영향력이 굉장히 강하다.

아이가 나쁜 친구와 어울리거나 좋지 못한 것에 빠져들었을 경우, 무조건 아이의 행동을 저지하거나 반대해서는 안 된다. 사춘기의 아이들은 반항심이 큰 만큼, 어긋날 확률도 높다. 그래서 무작정 반대하면 더욱 그것에 집착하거나 심한 경우 부모와 단절할 수도 있다. 이때는 아이의 관심사를 대체할 만한 것을 제시해 주는 것이 현명하다. 그리고 문제가 일어나기 전에 아이에게 지속적으로 관심을 기울이고, 아이의 이야기를 귀담아들어야 한다.

고민이 해결돼야 공부도 할 수 있다

고민은 사람의 뼈도 마르게 한다고 한다. 수많은 고민을 안고 있는 사춘기 아이들은 오죽하겠는가. 공부를 강요하기에 앞서 아이가 안고 있는 고민을 살피고 해결해 주기 위해 노력해야 한다.

친구와 사이 좋은 아이가 공부도 잘한다

친구와 잘 어울려 지내는 아이와 그렇지 못한 아이는 표정부터 다르다. 친구 관계가 좋은 아이는 항상 표정이 밝고 생기가 넘치는 반면에, 그렇지 못한 아이는 얼굴이 어둡고 풀이 죽어 있다. 또 친구가 많은 아이는 친구와 놀고 싶어 학교 가는 날만을 기다린다. 학교를 좋아하다 보니 공부에도 저절로 흥미를 느끼고 잘하게 된다.

하지만 친구들과 잘 어울리지 못하는 아이는 학교 오는 것을 싫어한다. 그러다 보니 학교에 있는 것 자체를 힘들어하고 소극적으로 수업에 임해 성적이 좋지 못하다.

부모는 아이가 5학년쯤 되면 친구 문제를 섣불리 도와줄 수 없다고 생각한다. 물론 일정 부분은 맞는 말이지만, 친구 문제로 힘들어하는 아이의 고민을 함께 나눌 수는 있다. 어렸을 때처럼 친구를 만들어 주거나 해결해 주라는 것이 아니다. 아이는 부모가 자신의 마음을 공감해 주고 관심을 기울여 주는 것만으로도 큰 위안을 받는다. 이는 고스란히 친구 관계에 긍정적인 영향을 미친다.

또한 사춘기에 접어들면 동성 친구만이 아니라 이성 친구와의 관계도 매우 중요해진다. 이성 관계는 공부에 큰 지장을 주기도 하지만, 이성 친구와 어울리는 법을 제대로 배우지 못하면 어른이 되어서 잘못된 이성 관계를 맺기 쉽다. 자녀와 이성 친구에 대해 스스럼없이 이야기 나누고 부모가 사이좋은 부부의 모습을 보여 올바른 이성 관계에 대한 인식을 심어 줘야 한다.

성적 부담감을 해소해야 공부도 잘한다

아이들의 성적 고민은 어른들이 생각하는 것보다 훨씬 심각하다. 다음은 한 학생이 쓴 '꿈에서 본 중간고사'라는 제목의 글이다. 아이들이 얼마나 시험 스트레스를 받고 있는지 이 글을 보면 알 수 있다.

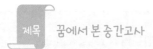
제목 꿈에서 본 중간고사

조금 있으면 중간고사를 본다. 과학, 사회 그리고 국어! 할 것이 태산이다. 나는 열심히 한다고 하는데, 해도 해도 끝이 없다.
선생님이 "열심히 하는 사람은 중간고사가 기대되고, 열심히 안 하는 사람은 중간고사가 두렵다."고 말씀하셨다.
나는 중간고사가 두렵다. '공부를 열심히 하지 않는다는 의미일까? 아닌데…….' 난 아주 열심히 한다. 다만 아파서 학교 수업을 며칠 빠졌을 뿐이다.
시험 걱정을 하며 잠들었더니 시험을 망치는 꿈까지 꾸었다. 너무 놀라 벌떡 일어나고 말았다. 아마 잠에서 깨지 않았다면 엄마한테 회초리 맞는 꿈까지 꿨을 것이다. 그나마 다행이다.
이제부터 시험을 더 이상 두려워하지 않도록 더욱더 열심히 공부해야겠다. 화이팅!

시험 기간이 다가오면 아이들의 일기는 온통 시험에 대한 걱정뿐이다. 물론 시험이 일절 없는 학교도 있지만, 대부분 단원 평가든, 수행 평가든 다양한 방식으로 아이들의 교과 이해도를 점검한다. 부모가 말하지 않아도 고학년이 되면 아이들은 스스로 시험과 성적에 대한 엄청난 압박과 스트레스를 받는다. 우리 애는 아닌 것 같은가? 겉으로 티가 나지 않을 뿐이다. 이런 아이의 마음을 헤아려 적극적인 위로와 격려를 해줘야 한다.

부모에게 사랑받는 아이가 공부도 잘한다

부모와의 관계는 아이에게 엄청난 영향을 미친다. 부모와 사이가 좋지 못한 아이는 늘 의기소침하며 어둡다. 그러다 고학년이 되면 분노와 불만이 더해진다. 학년이 올라가면서 그동안 내면에 감춰져 있던 분노가 표출하는 것이다. 이는 그 정도에 따라 폭행, 반항 혹은 가출로 이어지기도 한다. 이처럼 마음이 불안정한 아이가 공부를 잘하기란 어렵다.

사람의 두뇌에서 발생하는 뇌파에는 알파파와 베타파가 있다. 알파파는 마음이 편안한 상태에서 발생하는 뇌파로 집중력과 암기력을 향상시켜 학습 효율을 높여 주는 것으로 알려져 있다. 반대로 베타파는 흥분하거나 특정한 과제에 집중할 때 우세하게 나타나는 뇌파로, 스트레스와 불안감이 높아지면서 기억력 등이 저하되어 학습 효율을 낮추는 것으로 알려져 있다. 즉 부모의 사랑을 안정적으로 받은 아이들은 두뇌가 공부에 유리한 상태가 되어 공부를 잘할 확률이 높아진다. 아이를 향한 부모의 지속적이고 안정적인 사랑이 공부에 직접적인 영향을 미치는 것이다.

아이의 머리를 쓰다듬어 주기, 격려와 공감의 말 한마디, 작은 칭찬,

사소한 표현으로도 아이들은 부모에게 사랑받고 있다고 느낀다.

공부에 유리한 두뇌를 만들어 주기 위해서는 무엇보다 부부 사이가 좋아야 한다. 사이가 좋지 않은 부모 밑에서 자란 아이는 많은 상처를 받게 되고, 그 상처는 부모를 향한다.

원만하지 못한 부부 관계나 행복하지 않은 가정의 분위기는 아이의 가장 큰 고민이자 공부의 걸림돌임을 기억하자. 아이가 공부를 잘하길 원한다면 비싼 학원을 보내기보다 부부 관계로부터 비롯되는 가정의 분위기부터 개선하여 안정된 정서를 가질 수 있도록 해야 한다.

성인 동영상에 빠져드는 아이들이 생긴다

5학년 담임을 할 때 어떤 어머님이 자녀가 컴퓨터를 통해 성인 동영상을 보는 것을 보고 깜짝 놀랐다며 어떻게 하면 좋을지 상담을 요청한 적이 있었다.

이 무렵 아이들은 사춘기에 접어들면서 부쩍 이성에 대한 관심과 호기심이 많아지는데, 그 호기심이 자칫 잘못된 방향으로 흐르기 쉽다. 특히 남자아이들은 성인 동영상에 빠져드는 경우가 흔하다. '설마 내 아이는 아니겠지?'라는 생각은 애당초 접길 바란다. 6학년 아이들을 상대로 성인 동영상을 접해 본 경험을 조사한 결과 10명 중 7~8명이 그렇다고 답했다. 다만 습관적으로 보느냐 안 보느냐의 차이가 있을 뿐이다. 더욱이 6학년 정도 되면 이를 습관적으로 보는 일명 '마니아' 층이 형성된다.

아이들이 성인 동영상을 보는 것은 굉장히 위험하다. 어린 나이에 접할수록 중독될 확률이 높고 그 폐해가 심각하다. 잘못된 성의식을 갖는 것은 물론, 아직 가치 판단이 제대로 확립되지 않은 탓에 본 장면을 그대로 흉내 내는 아이들도 심심치 않게 볼 수 있다.

이런 폐해를 막으려면 컴퓨터를 거실처럼 열린 공간에 설치하는 것이 무엇보다 중요하다. 또 스마트폰을 통해서도 쉽게 성인 사이트에 접속할 수 있으므로 자녀의 스마트폰 확인 및 관리가 필요하다. 무엇보다 자녀와 대화를 통해 올바른 성의식을 심어 주는 것이 가장 절실하다.

아이의 진로를 구체적으로 고민해 줘야 한다

학교생활기록부에 진로희망사항을 적는 항목이 있다. 이 항목은 5학년부터 기록하는데, 이는 5학년이 진로에 대해 관심을 가지고 준비를 해야 하는 시기라는 의미다. 더욱이 앞으로 상급학교로 진학하기 직전 학년(초6, 중3, 고3)에는 '진로연계 학기'가 생긴다고 한다. 그러므로 5학년부터는 아이의 진로에 관심을 기울여야 한다.

진로희망을 적으라고 하면 주저 없이 적어 내는 아이도 있지만, 대부분 뭐라고 써야 할지 막막해한다. 5학년이 되면 진로에 대한 구체적이고 실제적인 준비를 조금씩 해야 한다.

교육부와 한국직업능력개발원이 조사 발표한 2020년 초·중등 진로교육 현황에 따르면 희망 직업 조사 결과 초등학생 희망 직업 1위는 운동선수(8.8%)였고 2위는 의사(7.6%), 3위는 교사(6.5%)였다. 그 뒤를 이어 4위 유튜버, BJ 등 크리에이터(6.3%), 5위 프로게이머(4.3%), 6위 경찰관

(4.2%), 7위 조리사(3.6%), 8위 가수(2.7%), 9위 만화가(2.5%), 10위 제과 · 제빵사(2.3%) 순이었다. 과거의 희망 직업과 많이 달라졌다. 크리에이터나 프로게이머 등이 상위권에 오른 것을 보면 아이들의 꿈은 시대상을 반영한다는 것을 알 수 있다. 시시각각 변하는 세상에 맞춰 아이들의 꿈도 변해 간다.

진로를 지도할 때는 가장 먼저 아이의 흥미와 적성을 고려해야 한다. 아이가 무엇을 좋아하고 잘하는지를 알아야 한다. 이를 위해서는 나 자신을 이해하는 자기이해지능과 자존감이 중요하다. 자기 자신에 대한 이해도를 높이기 위해 진로심리검사를 받는 것도 효과적이다. 진로정보망 커리어넷(www.career.go.kr)을 이용하여 자신의 흥미나 관심을 체크하면 이와 관련된 진로 등을 안내 받을 수 있다.

진로는 일종의 인생의 방향이다. 방향도 정하지 않고 열심히 가는 것만큼 무모하고 무의미한 것도 없다. 공부를 열심히 하는 것도 중요하지만 그 이전에 공부를 왜 열심히 해야 하는지 아는 것이 더 중요하다.

2장

5학년 성적 격차를 좌우하는 학습 능력 8가지

공부 습관,
우등생과 열등생의 차이

　누군가에게 '나'라는 실체를 보여 줘야 한다면 뭘 보여 주면서 '이것
이 나다'라고 말할 수 있을까? 이 답변에 필자는 '습관이 나'라고 말하고
싶다. 처음에는 내가 습관을 만들지만, 시간이 흐를수록 내가 만든 습관
이 나를 만들어 간다. 그만큼 좋은 습관을 가지는 것이 중요하다. 어떤 습
관을 가졌느냐에 따라 인생이 달라질 수 있다. 공부에서도 마찬가지다.

이유 없이 떨어지는 성적, 아이의 생각 습관이 문제다

　공부를 잘하는 아이와 그렇지 않은 아이의 가장 큰 차이점은 무엇일
까? 여러 차이가 있겠지만 그중 하나는 습관의 차이다. 공부를 잘하는 아

이는 그럴 수밖에 없는 습관을 가지고 있다.

성적이 좋은 아이들을 살펴보면 자기 전에 꼭 책을 읽거나 예·복습을 꼬박꼬박 하는 등 '행동 습관'을 가지고 있다. 이와 함께 매사를 긍정적으로 바라보고 자신의 미래에 대해 늘 고민하고 탐구하는 '생각 습관'을 가지고 있다. 두 가지 습관 모두 중요하지만, 생각 습관이 행동 습관을 지배하기도 해 특히 관심을 기울여야 한다.

2학년 담임을 맡았을 때의 일이다. 석우는 수학이나 과학 분야에 매우 관심이 많아 성적도 좋았다. 하지만 자신에 대한 자아상이 매우 부정적이었다. 조금만 뭐라고 해도 "제가 원래 그렇죠, 뭐." 하면서 굉장히 부정적이고 냉소적인 반응을 보이곤 했다. 이후 학년이 올라가면서 점점 성적이 떨어지더니 급기야 잘하던 수학도 평균 점수에 못 미치게 되었다. 그래서 한번은 "석우야! 너 예전에는 수학에 굉장히 관심도 많고 잘하지 않았니? 좀 더 열심히 해보자."라고 격려했다. 그러자 석우는 예의 그 특유의 말투로 "제가 원래 그렇죠, 뭐."라고 대답하면서 한마디 덧붙였다. "저희 엄마도 저한테 별로 기대 안 한대요."

석우의 사례처럼 보이지 않는 생각 습관은 다른 어떤 요인보다 종종 강력한 영향력을 미친다. 아무리 최적의 공부 환경이 갖추어져 있어도 부정적인 생각 습관을 가지고 있다면 절대 공부를 잘할 수 없다. 생각이 행동을 만들고 행동은 습관이 되며, 형성된 습관은 인격이 되고, 인격은 인생을 결정하기 때문이다.

초등 고학년은 아이의 습관이 굳어져 가는 시기다. 이 시기가 지나면 좀처럼 습관을 고치기 어렵다. 초등 5학년은 아이의 습관을 바로잡아 줄 수 있는 마지막 기회다. 특히 눈에 보이지 않는 생각 습관에 관심을 가지고 고쳐 줘야 한다. 생각 습관이 바뀌면 행동 습관은 저절로 바뀌기 때문이다.

이를 위해 먼저 아이의 생각 습관이 부정적인지 아니면 긍정적인지 살펴보길 바란다. 건설적인 비판 의식과 부정적인 생각은 엄연히 다르다. 만약 자녀의 생각 습관이 부정적이라면 부모도 그럴 확률이 높다. 그 경우 부모가 먼저 자기 자신을 되돌아보고 고치려고 노력해야 한다.

간혹 아이의 습관을 고쳐 준다고 아이의 행동을 계속 지적하는 경우가 있다. 이런 방법은 아이가 자신의 행동을 더욱 의식하게 만들어 상황을 더욱 악화시킬 뿐이다. 지적하기보다는 대체 습관을 만들어 주는 것이 더 바람직하다.

확실한 목표 설정이 가져다주는 효과

"별이 아름다운 건 보이지 않는 꽃이 있기 때문이에요. 사막이 아름다운 건 거기 어딘가에 우물이 감춰져 있기 때문이에요."

- 『어린 왕자』 앙투안 드 생텍쥐페리 지음

이 구절을 이렇게 바꿔 보고 싶다.

"삶이 아름다운 건 보이지 않는 꿈이 있기 때문이에요. 인생이 아름다운 건 거기 어딘가에 꿈이 감춰져 있기 때문이에요."

우리 인생을 생기 있고 아름답게 만드는 것은 꿈과 같이 우리 눈에 보이지 않는 것이다. 만약 아이가 매사에 무관심하며 의욕이 없다면 아이와 장래 꿈에 대해 진지한 대화를 해보길 바란다. 구체적인 꿈이 있는 아이는 매사에 적극적으로 임하며 하루하루를 알차고 즐겁게 보낸다. 그 꿈이 크든 작든, 꿈은 아이의 가슴속에서 인생의 나침반이 되어 준다. 초등 5학년이면 이제 아이는 저마다의 나침반을 가지고 한 걸음씩 나아갈 준비를 해야 한다. 물론 부모가 아이의 앞길을 제시해 줄 수도 있다. 하지만 가능한 이 시기부터는 아이가 부모의 그늘에서 벗어나 자신만의 인생을 꿈꾸고 이끌어 나갈 수 있도록 도와줘야 한다.

항상 긍정적으로 생각하고, 자신이 정말 하고 싶은 일이 무엇인지 찾기 위해 노력하는 아이는 스스로 공부한다. 뚜렷한 목표 의식을 가지고 있기 때문이다. 그렇지 못한 아이들은 부모 잔소리를 피하기 위해 공부한다. 당연히 좋은 결과를 낼 수 없다.

하지만 무작정 꿈을 꾸라고 강요할 수는 없다. 아이가 꿈을 찾을 수 있도록, 비록 작고 사소한 것일지라도 목표를 세우고 이를 달성하는 경험을 많이 할 수 있게 해줘야 한다. 이를 통해 아이는 성취감의 기쁨을 느낄 수 있다.

자기주도학습 능력,
온라인 수업 시대 흔들리지 않는 성적의 비밀

100명의 아이, 100가지 공부법

대부분의 아이가 수학을 어려워한다. 필자는 아이들이 보다 쉽게 공부할 수 있도록 종종 수학 개념을 노래로 만들어 가르친다. 그러면 재미있어하며 금방 배운다. 아이가 수학을 재미있어하니 이 공부법은 학부모 사이에서도 반응이 좋다. 그런데 개중에는 노래 학습에 흥미를 느끼지 못하여 별 도움을 받지 못하는 아이들이 있다.

이것은 다른 과목에서도 마찬가지다. 신기하게도 아이마다 다르기도 하지만 해마다 효과에 차이가 난다. 올해 아무리 효과가 좋았던 교수법일지라도 다음 해에는 효과가 시원찮을 때도 많다.

왜 그런 걸까? 왜 똑같은 공부법인데도 누구한테는 굉장히 효과적이고 누구한테는 효과가 없는 것일까? 그것은 아이들이 저마다 다르기 때문이다. 흥미, 관심, 적성, 성장 환경, 재능 어느 것 하나 같은 것이 없다. 100인 100색인 아이들을 모두 만족시키는 공부법이 있다는 것 자체가 어불성설이다. 100명의 아이가 있다면 100가지 공부법이 있어야 한다.

공부는 유행하는 패션이 아니다

요즘 이른 아침에 일어나 독서, 운동 등 자기계발을 하는 '미라클 모닝'이라는 생활 습관을 실천하는 사람이 많다.

5학년 지성이는 수업 태도가 좋고 항상 상위권 성적을 자랑했다. 그런데 4월이 되자 수업 시간에 졸기 시작했다. 처음에는 춘곤증 때문이라고 생각했는데, 시간이 지날수록 그 증세가 심해졌다. 그래서 하루는 지성이를 불러서 "지성아, 근래 수업 시간에 많이 졸던데, 무슨 일 있니?"라고 물었다. 그러자 "제가 요즘 미라클 모닝인지 뭔지 습관을 바꿔서 그래요."라고 대답하는 것이었다. "미라클 모닝이 뭔데?"라고 물었더니 "저도 잘 몰라요. 근데 엄마가 아침에 공부하면 더 좋다고 해서요. 5시에 일어나서 공부하고 있어요."라고 대답하는 것이었다. 지성이의 '미라클 모닝 작전'은 중간고사 때 급락한 성적과 지성의 학교생활을 알게 된 엄마에 의해 자진 철회되었다.

유행이 패션계에만 있는 것은 아니다. 공부법에도 유행이 있어서 누가 어떤 공부법으로 효과를 보았다고 하면 기존의 공부법을 버리고 너도나도 시도한다. 만약 그 공부법이 잘 맞는다면 다행이지만 그렇지 못했을 경우 다시 원점으로 돌아와 시작해야 한다. 공부는 패션이 아니다. 유행을 따르기보다 자기만의 공부법을 찾아 꾸준히 노력하는 것이 중요하다.

미래의 문맹자는 공부하는 법을 모르는 사람이다

5학년 정도 되면 공부 잘하는 아이들은 노트 필기법, 암기법 등 각자 자기만의 공부법을 한두 가지씩 가지고 있다. 그러나 성적이 떨어지는 아이들에게 "공부는 어떻게 하면 좋을까?" 하고 물어보면 "열심히요." 또는 "자알~요."라고 대답하기 일쑤다.

사람들은 대개 공부 못하는 아이는 속이 편할 거라 생각한다. 하지만 이 아이들도 엄청난 공부 스트레스를 받는다. 게다가 자기 나름대로 열심히 공부한다. 그저 공부법을 몰라 주먹구구식으로 무작정 암기하거나 남의 공부법을 따라 하다 보니 공부한 만큼 좋은 결과를 얻지 못하는 것뿐이다.

당연하겠지만, 자기만의 공부법은 일찍 찾으면 찾을수록 좋다. 그 차이는 확연하다. 예를 들어 시험 날 아침, 작은 요약 공책이나 오답 공책을 가지고 와 차분히 훑어보는 아이들이 있다. 자기만의 공부법을 이용해 그동안 공부한 것을 효과적으로 정리하는 것이다. 반면에 무엇을 해야 할지 몰라 이것저것 들춰 보느라 분주한 아이들이 있다. 친구들이 공부하는 것을 보니 불안해지는데 무엇을 해야 할지 모르니 아무 데도 집중하지 못하고 우왕좌왕하는 것이다.

초등 5학년이면 그동안의 시행착오와 연습을 통해 자기만의 공부법을 찾아 숙련시켜야 한다. 그래야 이를 바탕으로 중·고등학교 때 효과적으로 공부할 수 있다.

만약 아이가 아직 자기만의 공부법을 갖고 있지 못하다면 부모가 옆에서 도와줘야 한다. 부모의 공부 노하우를 전수해 주는 것도 좋은 방법이다. 부모 역시 학창 시절을 경험했기 때문에 저마다 효과적인 공부법 하나쯤은 가지고 있을 것이다. 부모가 직접 무수한 실수와 번복을 통해 터득한 공부법인 만큼 그 효과가 확실하다. 또 그 활용법을 완벽하게 터득하고 있으므로 아이에게 가르쳐 주기도 쉽다.

하지만 무엇보다 아이 스스로 공부법을 찾을 수 있도록 돕는 것이 가장 중요하다. 다양한 공부법을 제시해 줄 수는 있지만, 그것을 꾸준히 연습하여 자기 것으로 만드는 것은 순전히 아이 몫이다. 시간은 걸리겠지만 그 과정에서 자신에게 맞는 공부법을 찾게 된다. 그렇게 찾은 공부법은 이후 특별히 노력하지 않아도 저절로 최상의 형태를 갖추어 학년이 올라갈수록 아이에게 큰 힘이 되어 준다.

공부는 마치 자전거 타기와 비슷하다. 처음에는 다른 사람의 지도를 받아야 하지만 결국 자신의 힘으로 페달을 밟지 않으면 앞으로 나갈 수 없다. 누군가의 도움을 받는다면 분명 보다 쉬워질 수는 있지만, 결국 본인이 노력하지 않으면 아무 소용없다.

하지만 노력이 아이의 영역이라고 해서 부모가 손 놓고 있어서는 안 된다. 스스로 해낼 수 있을 때까지 좌절하지 않도록 용기를 북돋아 주고 동기 부여를 해줘야 한다.

평생 학습과 교육의 중요성을 강조하고 있는 유네스코 산하 교육발전위원회의 입구에는 다음의 말이 새겨져 있다.

"미래의 문맹자는 공부하는 법을 모르는 사람이다."

그렇다. 이제 공부법을 모르면 문맹자와 같은 삶을 살 수밖에 없는 시대가 오고 있고 이미 도래했다. 아이가 미래의 문맹자가 되기를 원치 않는다면 초등 생활이 끝나기 전에 공부법을 찾아 주어야 한다.

시키는 대로 공부하는 아이가 위험하다

자기주도학습이란 '학습자 스스로 학습 조력자와 상호 작용하며 학습 목표 및 전략을 설정하고 실행한 후 목표 달성 여부를 평가하는 것'을 말한다. 즉 스스로 공부하는 것이다.

초등 고학년이 되면 일단 학습량이 엄청나게 늘어난다. 부모가 억지로 시켜서 해결할 수 있는 분량이 아니다. 저학년 때는 학습량이 적고 내용이 쉽기 때문에 엄마가 억지로 시켜도 충분히 가능하다. 하지만 고학년이 되면 부모의 잔소리를 피하기 위해 억지로 하는 공부가 더 이상 통하지 않는다. 고작 10분 공부시키기 위해 30~40분씩 입씨름을 해야만 한다면 짧은 시간 안에 많은 학습량을 소화해야 하는 고학년의 학습을 따라갈 수 없다. 교과서는 개정을 거듭할수록 두꺼워지고 다양해지고 있다. 한마디로 어려워지고 있다. 이런 상황에서 부모가 공부를 관리해 주는 그동안의 학습 형태로는 온전히 이수하기 어렵다.

학습량과 난이도가 급변하는 5학년부터는 자기 스스로 공부하는 자기주도학습 능력을 갖춰야만 한다. 앞서 설명했듯이 5학년은 공부 주도권이 엄마에서 아이로 넘어가는 시기다. 이때 아이가 자기주도학습 능력을 갖추지 못한다면 초등학교까지는 간신히 넘긴다고 해도 교과목이 보다 심화되고 확대되는 중·고등학교에서는 점점 뒤처지게 된다.

특히 우리나라뿐만 아니라 전 세계를 공포로 몰아넣은 코로나19 팬데믹으로 인해 자기주도학습 능력이 그 어느 때보다도 중요해졌다. 그동안 보조 교육 수단이던 온라인 학습이 코로나19 팬데믹으로 일상 학습 수단이 되었다. 그 결과 최근 몇 년간 기초학습 능력이 심각히 떨어졌다. 아이에게 맡기는 온라인 학습의 특성상 자기주도학습 능력이 갖춰지지 않은 아이들은 기본적인 학교 수업마저 제대로 듣지 못했기 때문이다. 상호 작용 없는 영상 수업의 특징과 더불어 교사의 관리와 감시(?)마저 없으니 틀어놓고 딴짓을 하거나 한꺼번에 빠르게 몰아 듣는 등 형식적으로 수업을 듣는 모습을 보였다.

반면에 자기주도학습 능력이 뛰어난 일부 아이들은 오히려 실력이 급

성장했다. 대면 수업의 경우 교사가 학생에게 잔소리하며 흘려보내는 시간이 어느 정도 있다. 하지만 온라인 수업은 이렇게 허비되는 시간이 없으니 온전히 교과 공부에만 시간을 쏟을 수 있다. 공부 의욕이 높은 자기주도학습 능력을 가진 아이들은 오히려 더 많은 학습량을 소화할 수 있는 기회가 된 것이다. 또한 학교를 가지 않음으로써 생기는 빈 시간을 더욱 알차게 공부에 활용하는 모습을 보였다.

코로나19 팬데믹 상황이 끝난다고 하더라도 앞으로 온라인 수업은 지속될 확률이 매우 높다. 자기주도학습 능력이 더욱 중요해지는 이유다.

작심삼일 타파, 계획표 세우기

해야 할 것은 많고 시간은 언제나 부족한 것이 공부다. 따라서 공부를 보다 효과적으로 하기 위해서는 계획표 세우기가 대단히 중요하다. 아이들을 살펴보면, 한 과목에 집중하지 못하고, 10분 단위로 과목을 바꿔 가며 공부하는 경우를 볼 수 있다. 할 것이 많다 보니 조바심이 나서 무엇 하나 집중하지 못하는 것이다. 계획표를 세우면 공부 진도와 공부량을 한눈에 확인할 수 있어, 한 가지 공부에만 집중할 수 있다. 계획표 세우기는 자기주도학습 능력을 기르는 가장 기본적인 방법으로 우선적으로 가르쳐 줘야 한다.

계획표를 세울 때는 다음 사항에 유의하도록 한다.

무리한 목표는 세우지 않는다

계획표를 세울 때는 의욕이 넘쳐 자신의 능력보다 다소 무리한 목표를 잡게 된다. 이는 작심삼일의 주된 원인이다. 계획표를 세우기에 앞서 아이가 자신의 학습 수준을 정확히 파악해야 한다. 자기 수준에 맞는 목표를 세울 수 있도록 옆에서 도와주자.

이때 "이 많은 걸 다 하겠다고?" "안 돼. 힘들어. 다시 세워 봐!" 등 의심하거나 강압적으로 지시하기보다 "네가 할 수 있는 만큼 정해 보자." "이건 좀 목표가 큰 것 같은데, 지킬 수 있는 정도로 세워 보자."처럼 조언자의 역할을 해줘야 한다.

시간이 아닌 하루 학습량을 목표로 한다

보통 공부 계획은 시간 단위로 끊어서 4~5시는 수학, 5~6시는 영어, 이런 식으로 세우곤 한다. 하지만 이렇게 시간 단위로 끊어서 계획을 세우면 집중력을 발휘하기 힘들다. 또 시간을 때우는 식으로 공부할 확률이 높다. 그러니 시간이 아닌 학습량으로 목표를 설정하는 게 좋다. 이때 유의해야 할 것이 있다. 아이가 생각보다 빨리 공부를 끝마치면, 부모는 공부량을 늘리고 싶은 욕심이 생긴다. 그러면 아이는 공부를 일부러 천천히 하거나 하지 않게 된다. 아이가 하루 할당량을 끝마치고 나면 나머지 시간은 아이 마음대로 보내게 하자.

계획표는 일주일 단위로 세우는 것이 좋다. 일주일은 상대적으로 부담감이 적으며, 계획을 지키지 못했을 경우 다음 주에 새로운 마음가짐으로 다시 도전할 수 있기 때문이다.

매일 실천 여부를 체크한다

계획표를 세웠다면 그다음 중요한 것은 잘 지켰는지 확인하는 것이다. 매일 달성한 목표를 체크하면서 성취감을 느낄 수 있다. 또 자신이 제대로 지키지 못한 경우, 공부량이 자신에게 맞는지 점검할 수도 있고 반성하는 시간도 가질 수 있다.

아이가 계획표를 세워 공부를 시작했다면 부모는 칭찬과 격려를 아끼지 말아야 한다. 사실 계획표대로 실천하기란 어른조차 힘들다. 아이 역시 처음부터 잘할 수 없으며, 처음에는 잘하다가도 흐지부지해지기 쉽다. 이때 아이를 혼내고 비난하기보다 다시 시작해 볼 수 있도록 격려해줘야 한다. "이번 주는 비록 계획표대로 해내지 못했지만, 이런 점을 고치면 다음 주에는 더욱 잘할 수 있을 거야."라는 식으로 다독이며 지금도 충분히 잘하고 있고 앞으로 더 좋아질 거라는 희망을 주자.

이렇게 계획표를 세우고 하루하루 지키다 보면 아이는 자신도 모르는 사이에 스스로 계획을 세우고 실천하는 자기주도학습 능력을 기르게 된다. 만약 자녀가 5학년이 되었는데도 잔소리를 해야지만 책상에 앉는다면 공부 계획표 세우기부터 시작해 보기를 권한다.

공부 계획표 예시

	영역	목표량	월	화	수	목	금	토
1	복습 및 예습	교과서 읽고 읽은 책은 동그라미 치기	도덕	국어	사회	국어	국어	부족한 과목
			사회	국어	사회	미술	국어	
			국어	영어	영어	미술	체육	
			수학	수학	수학	수학	창체	
			과학	체육	국어	실과	과학	
			과학	음악		실과	음악	
2	숙제	숙제가 있을 때마다						
3	문제집 풀이	수학 2쪽						
		국어 2쪽						
4	영어	듣기 20분						
		단어 5개 외우기						
5	독서	30분						
6	피아노	레슨 곡 2번씩 연습						
7	줄넘기	500개씩						

암기, 많아지는 학습량을 처리하기 위한 핵심 능력

최근 교육계의 최대 화두는 창의융합과 비판적 사고력 및 문제 해결력이다. 주입 및 암기식 공부는 구시대적 교육이며 21세기형 인재 육성을 위해서는 이러한 능력을 키워 줘야 한다는 것이다. 하지만 천재가 아닌 이상 무無에서 유有를 낳을 수는 없다. 창의적인 사고를 통한 문제 해결은 배경지식을 갖고 있어야 가능하다. 그리고 배경지식은 암기를 통해 갖춰진다.

암기는 공부의 가장 기본이자 핵심 기술 중 하나다. 암기가 되지 않으면 지식으로 쌓이지 않는다. 암기한 것만이 온전히 자기 지식이라 할 수 있다. 암기력이 좋을수록 공부를 잘할 확률이 높아진다. 그래서인지 성적이 좋은 아이들은 대체로 암기력이 좋다. 암기력은 선천적으로 타고나기도 하지만, 효과적인 암기법을 익히면 누구나 좋아질 수 있다.

망각 이론을 이용한 효과적인 암기법

암기의 가장 큰 적은 망각이다. 사람은 한 번 듣거나 본 것은 금방 까먹는다. 독일 심리학자 헤르만 에빙하우스Hermann Ebbinghaus는 일찍이 망각 이론을 통해 '우리 뇌는 한 번 기억한 것을 1시간이 지나면 절반 이상 잊어버리며, 하루가 지나면 70% 정도를 잊어버린다'는 사실을 밝혀냈다. 어제 죽어라 공부한 내용이 오늘 기억나지 않는 것은 머리가 나빠서가 아니라 당연한 현상인 것이다.

망각은 신이 인간에게 준 축복이라지만, 공부할 때만큼은 저주처럼 느껴진다. 망각을 최대한 줄이는 가장 좋은 방법은 '반복 학습'이다. 기억은 단기 기억과 장기 기억으로 나뉜다. 단기 기억은 일정 기간이 흐르면 망각하지만 장기 기억 속으로 들어가면 거의 평생 기억할 수 있다. 단기 기억을 일정 시간 동안 반복해 주면 장기 기억으로 전환된다. 반복 학습은 단기 기억을 장기 기억으로 전환하는 역할을 한다.

이를 공부에도 활용해 보자. 아이에게 최근 공부한 내용부터 반복해서 공부하게 하는 것이다. 최근 공부한 내용일수록 기억이 잘 나기 때문에 오히려 시간이 지난 내용부터 공부해야 한다고 생각하기 쉽다. 하지만 기억이 아직 생생할 때 반복해 줘야 반복 학습의 효과를 최대한 끌어올릴 수 있다. 이미 오랜 시간이 지난 것은 반복 학습이라기보다 새로운 학습이 되기 쉽다.

또 기억나는 것은 과감히 건너뛰도록 한다. 공부는 시간과의 전쟁이다. 한정된 시간을 얼마나 효율적으로 사용하느냐가 관건이다. 공부한 것을 떠올려 기억나는 것은 과감히 넘어가게 한다. 아는 것까지 굳이 다시 외울 필요는 없다. 다시 한번 되새김질하는 정도로 충분하다. 기억나는 것은 잠깐 보는 것만으로도 상기되어 장기 기억으로 전환된다.

단 잘 외워지지 않는 것은 끝까지 물고 늘어지도록 한다. 어떤 것은 한두 번 만에 외우지만 어떤 것은 아무리 해도 외워지지 않는다. 그때 그냥 넘어가지 말고 끝까지 물고 늘어져 외울 때까지 반복할 수 있도록 도와야 한다. 이 과정에서 아이의 암기력이 단련된다.

공부 잘하는 아이의 암기법

암기는 기본적으로 성실하고 끈기가 있으면 누구나 잘할 수 있지만, 요령을 익히면 단시간에 더 효과적으로 할 수 있다. 다음은 공부 잘하는 아이들이 공통적으로 사용하는 효과 만점 암기법이다.

공부가 잘되지 않을 때는 쉰다

장시간 책상에 앉아 있으면 '과잉 학습 증상'이 나타난다. 과잉 학습 증상이란 뒷골이 당기고 눈이 침침해지는 등 집중력이 급격히 떨어지는 증상을 말한다. 이때는 아무리 암기하려고 해도 잘되지 않으며 금세 까먹는다. 아이가 이러한 증상을 보이면 '공부는 인내'라는 생각에 무조건

버티게 하지 말고 차라리 휴식을 취하게 하는 것이 좋다.

취침 전 20분을 활용한다

취침 전에 공부하면 이후 새롭게 받아들이는 정보가 없기 때문에 방해나 억제를 받지 않아 오래도록 기억할 수 있다. 이 시간에 스마트폰을 보다가 잠드는 것은 정말 안타까운 일이다. 그렇다고 잠들기 한두 시간 전에 무리하게 공부하면 오히려 숙면을 방해해 악영향을 미친다. 잠들기 20분 전, 단어장이나 요약본 등으로 가볍게 정리하는 기분으로 공부하는 시간을 가지면 좋다.

빠른 시간 내 반복 학습을 한다

사람은 1시간이 지나면 암기한 내용의 절반 이상을 까먹는다. 하지만 최단 시간 내 반복 학습을 하면 오랜 시간 많은 양을 기억할 수 있다. 이 효과를 극대화할 수 있는 것이 바로 복습이다. 수업이 끝난 후 배운 것을 1~2분이라도 훑어보면 오래 기억된다.

중요한 것은 공부의 시작과 끝에 외운다

뇌는 신기하게도 시작과 끝에 얻은 정보 자극을 가장 오랫동안 기억한다. 따라서 중요한 내용은 공부를 시작할 때와 끝마칠 때 한 번씩 다시 짚어 보면 좋다. 처음에는 무슨 내용이 중요한지 알지 못할 수 있다. 혼자서 중요 내용을 찾을 수 있을 때까지 옆에서 부모가 도와줘야 한다. 선생님이 수업 중에 강조한 것은 없는지 물어보고 그 부분을 함께 읽거나 교과서에 밑줄 친 부분을 살펴보게 한다. 이를 반복하는 사이 암기력과 더불어 핵심 내용을 파악하는 능력이 길러진다.

머리글자만 따서 외운다

학년이 올라갈수록 어휘가 낯설고 어려워지며 학습량도 많아진다. 특히 사회, 과학은 그런 현상이 더욱 두드러진다. 그러다 보니 아무리 똑똑하다고 해도 외우는 데 힘이 든다. 이때 요령으로 머리글자만 따서 외우는 방법이 있다. 예를 들어 조선시대 왕의 이름은 '태정태세문단세……', 태양계는 '수금지화목토천혜'와 같이 암기하는 것이다.

노래로 만들어서 외운다

희한하게도 지식은 금방 까먹는 반면 노래 가사는 오랫동안 기억에 남아 흥얼거리게 된다. 노래는 청각을 자극할 뿐 아니라 리듬으로 정보를 익히게 되기 때문이다. 이러한 효과를 활용하여 외우기 어려운 공식이나 연도 등은 노래로 개사해서 공부하면 금방 외운다. 이때 아이가 잘 아는 노래로 개사해야 한다. 처음에는 도와주지만, 나중에는 아이 스스로 개사하여 외우도록 권한다. 개사를 하면서 저절로 공부가 되기 때문이다.

내용에 의미를 부여해서 외운다

무의미한 정보보다는 유의미한 정보가 기억에 오래 남는 법이다. 예를 들어 2479011004와 같은 숫자를 외울 때 의미를 부여해서 '247동 901호에 사는 천사'와 같이 외우면 기억에 도움이 된다. 이런 식으로 외울 때 자기 주변 사람이나 사물을 끌어들이면 효과적이다.

녹음해서 반복해서 듣는다

중요한 부분이나 핵심 내용, 헷갈리는 내용은 재미있는 목소리로 녹음한 다음 반복해서 들으면 암기에 많은 도움이 된다. 특히 영어 단어나 표현을 외울 때 효과적이다.

카드 학습기를 활용한 암기법

카드 학습기를 이용한 암기법은 세바스티안 라이트너Sebastian Leitner가 지은『공부의 비결』(들녘)이라는 책에 소개된 내용으로, 앞에서 소개한 반복 학습의 효과를 극대화한 암기법이다.

① 학습 카드 상자 만들기

먼저 가로 30cm, 세로 11cm,
높이 5cm의, 덮개가 없는
상자를 오른쪽 그림과 같이 만든다.

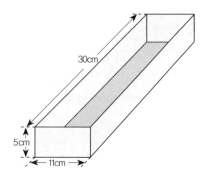

그리고 상자 안에 1cm, 2cm, 5cm, 8cm, 14cm 간격으로 칸막이를 설치하여 아래 그림처럼 5개의 칸을 만든다.

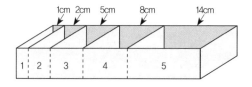

② 학습 카드 만들기

꼭 암기해야 할 내용을 다음 표처럼 카드 앞ㆍ뒷면에 적는다. 카드 한 장에 하나의 내용만 적는다.

구분	국어	수학	사회	과학	영어	한자
카드 앞면	비유적 표현이란?	통분	촌락의 종류	식물이 양분을 얻는 방법	student	車
카드 뒷면	하나의 대상을 다른 대상에 빗대어 표현하는 것	분수의 분모를 같게 하는 것	농촌, 어촌, 산촌	광합성	학생	수레 차

③ 학습 카드기 사용 요령

이렇게 작성한 카드는 차례대로 상자의 1번 칸에 꽂아 둔다. 1번 칸이 다 차면 그 카드를 꺼내 반복 학습한다. 이때 기억나는 것은 2번 칸으로 옮긴다. 카드 학습기는 많은 반복을 통해 고통스럽지 않게 외우는 것이 목적이므로 기억나지 않는 것은 가벼운 마음으로 1번 칸에 그대로 둔다.

| 카드 학습기

이것을 반복하여 2번 칸이 다 차면 이제는 2번 칸을 앞서 방법으로 반복 학습한다. 단 기억나는 카드는 3번 칸으로 옮기되 기억나지 않는 카드는 1번 칸으로 강등시킨다. 이런 식으로 5번 칸까지 반복한다. 마침내 5번 칸에 카드가 옮겨지면, 그 카드 내용은 암기에 성공하여 뇌의 장기 기억 속에 저장되었다는 의미가 되므로 카드를 버려도 된다.

독서, 문해력을 다지는
마지막 골든 타임

책을 멀리하는 아이들

세계적인 IT 기업인 마이크로소프트사의 전 CEO 빌 게이츠^{Bill Gates}는 다음과 같은 말을 했다.

"오늘의 나를 만든 것은 내가 자라난 마을의 작은 도서관이었다. 나에게 소중한 것은 하버드대학의 졸업장보다 독서하는 습관이다."

이 말은 독서의 중요성을 잘 대변해 준다.

독서는 공부의 필수 불가결한 요소임에도 불구하고 항상 우선순위에서 밀린다. 그 효과가 당장 드러나지 않기 때문이다. 2020년 문화관광부가 발표한 '2019년 국민독서실태' 조사 결과를 한번 보자.

성인의 경우 절반 정도가 1년 동안 1권의 책도 읽지 않으며, 학생의 경우 10명 중 1명 정도가 1년 동안 1권의 책도 읽지 않는 것으로 나타났다. 설문조사의 특성상 실제 독서량보다 높여서 응답한다는 것을 감안하면 실질 독서율은 훨씬 낮을 것으로 보인다. 평소 우리가 얼마나 책을 멀리하는지를 여실히 알 수 있는 조사 결과다.

그래도 초등 저학년까지는 독서량이 비교적 높은 편이다. 그러다 고학년이 되면서 점차 책과 멀어지는 경향을 보인다. 아이들이 독서를 멀리하는 이유를 살펴보면 '학교나 학원 때문에 책 읽을 시간이 없어서 (27.6%)', '책 읽기가 싫고 습관이 들지 않아서(22.0%)', '휴대전화, 인터넷, 게임하느라(21.2%)' 등으로 조사되었다. 결국 독서의 가장 큰 장애물은 시간 부족과 습관의 문제다. 하루에 서너 개의 학원이 기본인 요즘 초등학생들은 어른보다 더 바쁘다. 부모 입장에서는 아이가 책 한 줄 더 읽는 것보다 문제 하나 더 푸는 게 나아 보일 수 있다. 하지만 독서만큼 정직하게 실력으로 돌아오는 것도 드물다. 지금 당장은 학원을 더 많이 다니는 아이가 성적이 높겠지만 학년이 올라갈수록 독서를 많이 한 아이에게 뒤처지게 된다.

독서력이 약한 아이들의 공통된 특징

독서가 빈약한 아이들은 몇 가지 공통된 특징을 보인다. 가장 두드러진 특징은 글의 문맥을 파악하고 이해를 확장하는 문해력이 현저히 떨어지는 것이다. 독서를 안 하는 아이들은 어휘력이 약해 문장 자체를 이해하는 능력이 상당히 떨어지다 보니 전후 문맥을 통한 내용 파악은 꿈도 꾸지 못하며 심지어 교과서조차 무슨 말인지 이해하지 못한다.

또한 배경지식이 상당히 낮다. 독서를 많이 한 아이들은 책을 통해 접한 정보와 지식이 많아 배경지식이 상당히 많다. 똑같은 설명을 해도 어떤 아이는 금방 이해하는 반면 어떤 아이는 멀뚱멀뚱 선생님 얼굴만 쳐다보는 이유가 바로 여기에 있다.

예를 들어 '물의 도시 베네치아에서는 도시 안을 곤돌라라는 배를 타고 이동한다'라는 문장이 있다고 하자. 베네치아라는 도시의 모습을 사진으로 보거나 이와 관련한 내용을 읽은 적이 있는 아이들은 이 문장을 순식간에 이해한다. 하지만 그렇지 못한 아이들은 '배를 타고 도시를 돌아다닌다고? 물의 도시는 무슨 뜻이지?' 하며 의문을 품게 된다. 많이 읽으면 읽을수록 아는 것이 많아지고, 아는 것이 많을수록 이해력이 높아진다.

그리고 책을 많이 읽지 않은 아이들은 듣기, 말하기, 쓰기 능력이 현저하게 낮다. 배경지식이 부족하여 들어도 잘 이해하지 못하고 근거를 떠올리지 못하기 때문에 논리적으로 설명하지도 못한다.

무엇보다 글쓰기를 매우 어려워하고 힘들어한다. 좋은 글쓰기 결과물을 가장 쉽게 접할 수 있는 것이 책이다. 다양한 어휘와 표현력이 좋은 글이 실리기 때문이다. 그래서 꾸준히 접하다 보면 자신도 모르게 책에서 봤던 어휘나 문장 표현을 쓰게 되어 글쓰기 실력이 좋아진다. 글쓰기를 잘할 수 있는 가장 쉬운 방법은 매일 30분이라도 책을 읽는 것이다.

독서력이 학습력이다

대부분 책을 많이 읽으면 국어 공부에 도움이 될 거라고 생각한다. 물론 그렇다. 하지만 독서는 비단 국어만이 아니라 전 과목에 영향을 미친다.

빠른 지문 이해력이 요구되는 국어

초등 국어는 시험 공부가 거의 필요 없는 과목이다. 아주 특별한 몇 문제를 제외하고는 대부분 글을 읽고 주제를 제대로 파악했는지를 묻기 때문이다. 그런데 학년이 높아질수록 지문이 길어지며 이런 추세는 점점 강화되고 있다. 그만큼 지문을 빨리 읽고 내용을 이해하는 능력이 요구되는데, 이는 짧은 시간 연습해서 체득할 수 있는 것이 아니다. 평소 꾸준히 책을 읽으며 갈고 닦아야지만 가질 수 있는 능력이다.

서술형 문제가 많은 수학

수학도 독서에 많은 영향을 받는다. 수학은 언뜻 독서와 무관한 듯 보이지만 그렇지 않다. 최근 한 번이라도 수학 문제집을 본 적이 있다면 필자의 말에 십분 공감할 것이다. 요즘 수학은 서술형 문제가 대부분이다.

문제를 읽고 이해해야 풀 수 있다. 아무리 수학 공식을 많이 알고 계산력이 뛰어나도 어휘력과 이해력이 부족해 문제를 이해하지 못하면 무용지물이다.

6학년 담임을 할 때 있었던 일이다. 기말고사 기간 중 한 아이가 수학 시험이 끝나자 다가와 "선생님, 이튿날은 이틀 후라는 말이지요?"라고 물어 왔다. 그래서 이튿날은 다음 날이라고 뜻을 가르쳐 주었더니 여기 저기서 탄식이 터져 나왔다. 반응이 의아해 시험지를 보니 다음과 같은 문제가 있었다.

하루에 20분씩 빨리 가는 시계가 있습니다. 오늘 오후 2시에 이 시계를 정확히 맞추어 놓았습니다. 이튿날 저녁 8시에 이 시계가 가리키는 시각은 몇 시 몇 분입니까?

'이튿날'이라는 단어 뜻을 몰라 많은 아이가 문제를 틀렸던 것이다. 이처럼 수학에서도 어휘력과 이해력이 뒷받침되지 않으면 절대 좋은 점수를 기대할 수 없다.

우리말 실력이 곧 영어 실력

영어를 잘하기 위해서는 영어를 많이 공부해야 한다고 생각한다. 맞는 말이지만 여기에는 함정이 도사리고 있다. 인간은 모국어로 사고하기 때문에 모국어 이상의 이해력과 사고력이 나올 수 없다. 모국어 실력이 외국어 실력으로 이어지는 것이다. 우리말 실력이 부족한 아이들은 절대 영어를 잘할 수 없다.

영어 유치원을 다닌 아이들이 저학년 때는 두각을 보이지만 종국에는 우리말 구사 실력이 높은 아이들이 영어를 잘한다. 독서는 우리말 실력을 쌓는 활동으로, 독서와 영어 실력은 직접적인 상관관계가 있다.

전 과목에서 발휘되는 독서력

독서력은 국영수 외 다른 과목에서도 대단히 중요하다. 특히 사회는 고학년으로 올라갈수록 범위가 넓어지고 학습량이 많아져 아이들이 어려워한다. 자신과 친근한 지역에서 벗어나 세계, 역사 등 낯설고 다양한 지식을 습득한다. 이로 인해 다른 과목보다 많은 배경지식을 필요로 하며 핵심 내용을 요약할 수 있는 능력이 요구된다. 이는 독서를 통해 얻을 수 있는 능력이다.

과학 역시 독서력이 중요하다. 초등 과학은 실험을 통해 학습이 이루어진다. 관찰과 실험을 통해 얻은 결과가 과학 개념과 어떤 연계성을 가지는지 파악하는 것이 학습의 주목적이다. 따라서 실험 목적을 인지한 후 결론을 예상하여 효율적으로 실험할 수 있어야 한다. 이를 위해서는 주제 파악력과 추론력, 논리력이 필요하며 이 역시 독서를 통해 얻을 수 있다.

책보다 문제집을 권하는 부모에게

초등 5학년은 자녀의 독서 생활의 전환기에 속한다. 그전까지는 독서가 중요하다는 생각에 억지로라도 책을 보게 했지만, 5학년이 되면 해야 할 공부가 많아지고 마음의 여유도 없어져 점점 독서를 등한시하게 된다. 게다가 중학교 진학 걱정까지 더해지면서 독서에 더욱 소원해진다. 하지만 독서력은 모든 학습의 기본이다. 기초 학습 능력이 탄탄하지 않으면 학년이 올라갈수록, 학습량이 많아질수록 금방 무너진다. 따라서 먼저 부모부터 독서에 대한 인식을 바꿀 필요가 있다.

독서는 취미가 아니다

2021년 EBS에서 〈당신의 문해력〉이 방영되며 화제를 모았다. 그로 인해 문해력에 대한 관심이 높아진 것을 교육에 몸담고 있는 교사로서 다행이라고 생각한다. 그 방송이 화제가 되며 정말 요즘 아이들이 이 정도냐며, 의문을 표하는 학부모도 많았다.

실제로 학생들의 어휘력이 갈수록 빈약해지고, 조금만 글이 길어져도 읽지 못하는 아이가 많아졌다. 초등 시기는 눈앞의 성적보다 독서에 더 신경을 써줘야 할 때다.

독서는 취미 활동이 아니다. 혹시 아이가 책을 보고 있을 때 "놀지 말고 공부해! 숙제는 다 했어?"라고 혼내지는 않는지 반성해 보길 바란다. 아이가 공부는 안 하고 책만 보더라도 이를 지적하고 혼내서는 안 된다. 지금 당장은 뒤처지겠지만, 책을 통해 어휘력과 논리력 등을 키운 아이는 어느 순간 잠재된 실력을 200% 분출시키며 단번에 성적을 역전시킨다.

성공한 사람들의 대부분이 자신의 성공 비결로 독서를 꼽는다. 전기 자동차의 세계적인 선도 기업 테슬라의 CEO인 엘론 머스크Elon Musk는 최고 경영자가 되기 전부터 하루 10시간 정도씩 공상과학소설을 탐독했다고 한다. 그가 놀라운 천재성을 발휘해 성공을 이룰 수 있었던 저력은 다름 아닌 독서였다. 독서는 이처럼 성공의 또 다른 이름이며 반드시 갖춰야 할 습관이다.

독서는 매일 해야 하는 숙제다

독서는 공부가 끝난 후 시간이 남을 때 하는 것이 아니다. 요즘 아이들은 바쁘다. 영어, 컴퓨터, 발레 등 배워야 할 것이 한두 가지가 아니다. 시간이 생겼을 때 책을 읽혀야겠다는 안일한 생각으로는 책 구경도 시키지 못한다. 독서는 시간이 없으면 만들어서라도 해야 하는 숙제로 생각해야 한다. 학원 스케줄처럼 독서 시간과 장소를 정해 놓는 것이 좋다. 8시에 독서를 하기로 했다면 아이가 8시부터는 반드시 독서를 시작하도록 하는 것이다.

책 편식은 금물이다

"그 사람의 관심사를 알고 싶다면 그 사람이 읽는 책을 보라"는 말이 있다. 사람은 자신이 관심 있는 분야의 책을 읽기 마련이다. 반대로 읽는 책에 의해 관심이 형성되기도 한다.

예전에 일반 학생과 소위 수학 영재의 독서 습관을 비교할 기회가 있었다. 결과는 독서량에서도 많은 차이가 났지만 더욱 유의미한 차이는 읽는 책의 종류였다. 일반 학생들은 주로 만화책이나 이야기책을 읽는 반면 수학 영재들은 수학, 과학 관련 도서를 많이 읽었다.

일반적으로 아이들의 독서는 이야기책이나 만화책에 편중된다. 굉장히 좋지 않은 습관이다. 물론 이 책들이 나쁘다는 것은 아니다. 독서 습관을 잡는 데 대단히 좋기도 하다. 하지만 이야기책이나 만화책에 익숙해진 아이들은 역사, 과학, 시사 등을 다룬 지식정보책은 재미없고 따분하다는 생각에 손도 대지 않는 부작용이 발생하기 쉽다.

책은 종류와 특성에 따라 얻을 수 있는 이점이 다르다. 음식을 편식하면 몸에 좋지 않듯이 책도 골고루 읽히는 것이 좋다.

위인전을 선물한다

5학년이 되면 이야기책보다는 위인전을 읽히는 것이 좋다. 아이의 발달 단계상 저학년보다는 고학년 때 권하는 것이 적합하다. 위인전은 삶의 가치관을 확립하고 꿈에 대해 생각할 계기를 제공한다. 또 그 인물이 살았던 시대 상황을 알 수 있다는 장점이 있다. 5학년은 이러한 장점을 온전히 누릴 수 있는 시기다.

위인전을 구매할 때는 절대 전집을 사서는 안 된다. 몇십 권의 책은 존재만으로도 아이에게 부담을 주고 책을 펼치기도 전에 흥미를 떨어뜨린다. 아이가 관심을 보이는 인물이나 아이의 꿈과 관련된 위인 위주로 한두 권씩 사주는 것이 좋다.

5학년은 고전 읽기를 시작하기 가장 좋은 학년이다

책이라고 모두 같은 책이 아니다. 책 중의 책이라 할 수 있는 고전을 읽었을 때 얻을 수 있는 장점은 다른 책들과 비교가 되지 않는다.

초등학교 고학년은 고전 읽기를 시작할 수 있는 가장 좋은 시기다. 하지만 고전 읽기는 함부로 시작하면 안 된다. 부모가 먼저 고전 읽기에 대한 확신과 방법을 정확히 알고 시작해야 효과를 볼 수 있다.

필자가 근무하는 학교에서는 10년 이상 전 학년을 대상으로 고전을 읽히는 프로젝트를 진행 중이다. 이 경험을 바탕으로, 초등학생이 고전을 읽을 수 있을지 우려하는 분들을 위해 고전 읽기의 효과를 소개하고자 한다. 다음은 아이들에게 나타난 일부 효과들이다.

아이의 인성이 발달한다

고전은 아무리 말로 설명해도 이해하지 못한 것들을 아이 스스로 깨닫게 한다. 전래동화와 같은 고전은 정의감과 옳고 그름의 판단 기준을 제시해 준다. 또 고전은 흡입력 있는 이야기 속에 정의, 우정, 돈, 이기심

등 서로 충돌하는 다양한 가치를 풀어낸다. 이야기에 빠진 아이는 자신
도 모르게 가치들에 대해 고민하게 되고, 이 과정에서 올바른 가치관을
형성해 나간다. 자연스럽게 아이의 인성이 발달하고, 자신의 행동을 성찰
하는 태도를 기른다.

어휘력이 폭발적으로 향상된다

신경학자이자 언어학인 와일더 펜필드Wilder Penfield는 "아동기는 생
애 중에서 가장 어휘 습득이 왕성한 시기로, 초등학교 시절이야말로 어
휘력 습득의 결정적 시기critical period"라고 언급한 바 있다. 그만큼 좋은
어휘를 많이 접할 수 있도록 해주는 것이 중요하다.

고전은 좋은 책의 대명사다. 좋은 책의 조건에는 여러 가지가 있지만
그중 대표적인 조건이 바로 좋은 어휘의 사용이다. 그래서 고전을 읽으
면 어휘력이 폭발적으로 향상된다.

다른 사람의 감정을 헤아리게 된다

고전 문학은 주인공들의 심리 묘사가 대단히 구체적이고 사실적이다.
커다란 갈등이 해결되어 가는 과정 속에서 벌어지는 인간관계를 다양한
시각에서 볼 수 있다. 이를 통해 아이들은 내가 아닌 다른 사람의 마음,
기분을 간접적으로 이해하고 배운다. 책 속의 주인공들이 하는 말과 행
동이 관계에 어떤 결과를 불러오는지 보면서 올바른 의사소통 방식을 터
득한다. 친구 관계가 좋아질 수밖에 없다.

교과서가 쉽게 느껴진다

고전 읽기를 시작한 지 반년 정도 되었을 때 아이들의 성적이 국어를 비롯해 모든 과목에서 전반적으로 상승했다. 고전처럼 수준 있는 책을 읽기 위해서는 한 문장 한 문장 의미를 곱씹고 생각해야 한다. 이러한 독서 습관 덕분인지 고전 읽기를 시작한 이후, 교과서가 쉽게 느껴진다는 아이들이 늘어났다. 그리고 그 효과가 성적을 통해 증명된 것이다.

효과적인 고전 읽기 지도법

이렇게 좋은 고전을 어떻게 하면 효과적으로 자녀에게 읽힐 수 있을까? 먼저 책 선정이 중요하다. 책은 너무 어렵지 않은 것을 골라야 한다. 한 쪽을 읽힌 뒤 모르는 단어가 5개 이상 나오면 자녀에게 어려운 책이라고 보면 된다. 5개 이하의 책은 집중해서 읽으면 충분히 읽을 수 있다. 가급적 자녀가 좋아하는 분야의 책으로 시작하되, 원작을 읽혀야 한다. 어린이용으로 편집된 고전 책들은 원작만이 줄 수 있는 감동과 깊이를 얻을 수 없다. 원작에 대한 편집이 없는 온전한 책whole book으로 읽히는 것이 중요하다.

고전을 가정에서 읽힐 때 꼭 명심해야 할 원칙이 있다. 바로 '조금씩 부모님과 같이' 해야 한다는 것이다. 만약 『명심보감』을 읽히고자 한다면, 먼저 『명심보감』을 2권 구입한다. 그리고 하루 30분 정도 시간을 정해 놓고 아이와 함께 읽는다. 이때 많이 읽기보다 5쪽 내외로 두세 번 반복해서 읽은 후, 읽은 내용에 대해 아이와 이야기를 나눈다. 만약 이 과정이 부담스럽다면, 아이에게 가슴에 와닿는 구절에 밑줄을 그으면서 읽게 한다. 다 읽은 후 아이에게 왜 그 부분에 밑줄을 그었는지 물어본다. 저절로 대화가 이루어질 것이다. 혹은 아이에게 읽은 부분에서 질문을 만들어 보게 하는 것도 좋다.

이처럼 고전 읽기를 시작할 때는 부모가 아이와 함께 해줘야 한다. 그리고 절대 욕심을 부려서는 안 된다. 고전 읽기를 실패하는 대부분의 이유는 욕심을 부려서다.

"보기 드문 지식인을 만났을 때 그가 무슨 책을 읽는가를 물어 보라"는 미국의 사상가 에머슨Ralph Waldo Emerson의 말처럼 자녀에게 지금 무슨 책을 읽는가를 물어보라. 그러면 그 아이의 인생이 보일 것이다. 아이들은 읽는 대로 만들어진다는 것을 기억하고 우리 아이들 손에 고전을 들려주자. (『다시, 초등 고전읽기 혁명』 참고)

다음은 현재 필자의 학교에서 5학년에게 읽히고 있는 고전 목록이다. 어떤 책을 읽혀야 할지 고민이 된다면 참고해 보도록 하자.

5학년 고전 목록

책 제목	지은이	출판사	쪽수	영역
『(리마커블) 천로역정』	존 번연	규장	253쪽	문학
『위대한 영혼, 간디』	이옥순	창비	182쪽	위인전
『채근담』	홍자성	홍익	320쪽	비문학
『창가의 토토』	구로야나기 테츠고	프로메테우스	288쪽	문학
『삼국유사』	일연	영림카디널	232쪽	비문학
『삼국사기』	김부식	타임기획	322쪽	비문학
『나의 라임오렌지 나무』	J.M. 바스콘셀로스	동녘	301쪽	문학
『비밀의 화원』	프랜시스 호즈슨 버넷	시공주니어	408쪽	문학
『지킬 박사와 하이드』	로버트 루이스	푸른숲주니어	196쪽	문학
『솔솔 재미가 나는 우리 옛시조』	김원석(엮은이)	파랑새어린이	199쪽	시
『난중일기』	이순신	파란자전거	168쪽	수필
『구운몽』	김만중	휴머니스트	220쪽	문학
『아이작 아시모프의 과학 에세이』	아이작 아시모프	아름다운날	312쪽	과학
『춘향전』	작자 미상	북멘토	240쪽	문학
『이윤기의 그리스 로마 신화』	이윤기	웅진 지식하우스	351쪽	문학
『100년 후에도 읽고 싶은 한국 명작 단편』	김동인 외	예림당	400쪽	문학
『동물 농장』	조지 오웰	열린책들	193쪽	문학
『초등 사자소학』	송재환	위즈덤하우스	244쪽	비문학

개념, 학년이 올라갈수록
우열을 가리는 결정적 역할을 한다

5학년, 기본 개념이 중요한 이유

모든 학습은 기본 개념의 심화 발전이다. 이는 곧 기본 개념에 대한 정확한 이해가 수반되어야 올바른 학습이 가능하다는 의미다. 하지만 현실적으로 개념 공부를 충실히 하는 아이들은 드물다. 대부분 대충 한두 번 개념을 살펴본 후 문제 풀이에 더 많은 시간과 노력을 기울인다. 누가 몇 문제 더 풀었느냐, 누가 더 어려운 문제를 풀었느냐에 집중한다. 이런 식의 공부는 사상누각沙上樓閣에 불과하다.

기초 체력이 좋아야 운동을 잘할 수 있듯이 공부 역시 기본 개념에 충실해야 잘할 수 있다. 하지만 현실적으로 기본 개념에 충실한 공부 방식은 외면받기 쉽다. 예를 들어 곱셈에 대한 정확한 개념을 알려 주지 않고 아이에게 구구단을 가르치고 외우게 하는 것이다. 아이는 앵무새처럼 따라 하며 잘 외울지는 모르지만 곱하기의 개념을 모르니 반쪽짜리 공부밖에 못한 셈이다.

개념에 충실한 공부는 많은 시간이 걸린다. 개념 공부는 눈사람 만들기에 비유할 수 있다. 눈덩이는 어느 정도 크기가 되기까지 만들기도 힘들며 시간도 많이 걸린다. 하지만 일정 크기를 넘어선 순간 기하급수적으로 커져 순식간에 커다란 눈사람이 만들어진다. 개념 공부도 이와 마찬가지다. 처음에는 힘들고 어렵지만 나중에는 폭발적인 실력 향상으로 이어진다.

효과적인 학습 지도를 위해 먼저 살펴보는 주요 과목 내용

각 과목에서 꼭 익혀야 할 개념은 과목별 공부법에서 설명하기로 하고, 여기에서는 5학년 교과의 개략적인 내용을 소개하고자 한다. 전반적인 교과 내용을 알고 있으면 지식 체계가 형성되어 이후 개념 이해에 도움이 되기 때문이다. 또한 자녀가 배우는 내용을 한눈에 살펴볼 수 있어 학습 지도에 도움이 된다.

주제를 파악하는 능력이 5학년 국어의 전부다
5학년 국어에서 가장 중요한 것은 글을 읽고 이해하여 주제를 파악하는 능력이다. 이런 능력을 갖추기 위해서는 먼저 문단을 읽고 요약할 수 있어야 한다. 당연한 이야기겠지만 교과서에 나오는 지문 정도는 요약하여 주제를 파악할 수 있어야 한다. 또한 주제와 목적에 알맞게 쓰기와 문

5학년 국어 학습 내용

영역	내용
듣기 · 말하기	• 구어 의사소통의 특성 알고 듣기 · 말하기 활동하기 • 의견을 제시하고 조정하며 토의하기 • 절차와 규칙을 지키고 근거를 제시하며 토론하기 • 자료를 정리하여 말할 내용을 체계적으로 구성하기 • 상대 상황을 이해하고 공감하며 듣기
읽기	• 배경지식 활용하여 글 읽기 • 글 구조 고려하여 글 전체 내용 요약하기 • 글쓴이의 주장이나 주제 파악하기 • 매체에 따른 다양한 읽기 방법으로 읽기 • 자신의 읽기 습관 점검하고 스스로 읽는 태도 지니기
쓰기	• 쓰기 절차에 따라 글쓰기 • 목적이나 주제에 따라 알맞은 내용과 매체 선정하여 글쓰기 • 설명하는 글쓰기 • 체험한 일에 대한 감상이 드러나게 글쓰기 • 독자를 존중하고 배려하며 글쓰기
문법	• 관용 표현 이해하고 활용하기 • 문장 성분과 호응 관계 이해하기 • 국어를 바르게 사용하는 태도 지니기
문학	• 작품 속 세계와 현실 세계 비교하여 작품 감상하기 • 일상생활의 경험을 이야기나 극의 형식으로 표현하기 • 작품을 매개로 다른 사람과 소통하기 • 작품에서 얻은 깨달음으로 바람직한 삶의 가치 내면화하기

단별 쓰기를 강조한다. 문단을 구분지어 쓸 줄 안다는 것은 분류적 사고가 된다는 뜻이며, 큰 주제에 따른 소주제의 구분이 가능함을 의미한다. 이러한 활동은 체계적 사고와 쓰기 능력을 향상시킨다. 그리고 이것이 바탕이 되어야 논리적인 서술을 요구하는 논설문을 쓸 수 있다.

분수의 사칙연산을 잡아야 하는 수학

5학년 수학에서 반드시 익혀야 할 것은 두 가지다. 그중 하나가 바로 '분수의 사칙연산'이다. 분수를 놓치면 5학년 수학은 헛배웠다고 해도 과언이 아니다. 분수의 사칙연산을 잡지 못하면 6학년 수학뿐 아니라 중학

5학년 수학 학습 내용

영역	내용
수와 연산	• 약수와 배수 • 약분과 통분 • 자연수의 혼합 계산 • 분모가 다른 분수의 덧셈과 뺄셈 • 분수와 소수의 곱셈
도형	• 직육면체와 정육면체의 성질 • 합동과 대칭
측정	• 다각형의 둘레와 넓이 • 수의 범위와 어림하기
규칙성	• 규칙과 대응
자료와 가능성	• 평균 • 실생활에서의 확률

수학을 제대로 이수하기 힘들다. 6학년에 등장하는 분수와 소수의 혼합 연산, 중학교에 등장하는 정수와 유리수의 사칙연산 등은 분수를 모르고서는 절대 불가능하기 때문이다.

5학년 수학의 또 다른 핵심 내용은 '도형의 개념과 넓이 계산'이다. 도형의 개념은 이해를 넘어서 달달 외우고 있어야 한다. 삼각형과 사각형과 같은 도형의 개념을 잘 모르면 넓이를 구하기 어렵다. 만약 아이가 도형의 개념을 잘 모르고 있다면 4학년 과정에서 자세히 다루고 있으니 복습시키는 것이 좋다. 또한 도형의 넓이는 공식뿐만 아니라 공식을 도출하는 과정을 반드시 익혀야 한다. 그래야 6학년에서 배우는 원과 입체 도형의 넓이 구하기를 할 수 있다.

역사를 잡아야 하는 사회

5학년 사회 내용의 핵심은 우리나라 역사다. 2학기 한 학기 동안 우리나라 역사를 훑는다. 고조선부터 6 · 25전쟁까지 나라의 발전에 이바지한 인물과 대표적인 문화유산 그리고 중요 사건들을 통해 우리 역사의 발전 과정을 이해하게 구성되어 있다. 예전에는 5학년 한 학년에 걸쳐 배우던 내용을 선사시대와 근대사 일부 내용을 제외하고 한 학기에 배우게 만들어 놨다. 아이들에게 학습 부담이 엄청 클 수밖에 없다. 평소 역사에 관심 있던 아이들은 물 만난 고기처럼 신이 나지만 대부분은 어렵고 힘들어한다. 하지만 이 시기 우리 역사에 대한 총괄적인 이해를 못하면 중학교에 가서 한국사를 배울 때 헤매기 쉽다. 영영 역사와 등지고 살지도

5학년 사회 학습 내용

영역	내용
역사	• 나라의 등장과 발전 • 독창적 문화를 발전시킨 고려 • 민족 문화를 지켜 나간 조선 • 새로운 사회를 향한 움직임 • 일제의 침략과 광복을 위한 노력 • 대한민국 정부의 수립과 6 · 25전쟁
지리	• 국토와 우리 생활
일반 사회	• 인권 존중과 정의로운 사회

모를 일이다. 따라서 무슨 일이 있어도 5학년 사회에 등장하는 우리나라 역사는 제대로 배워 놓아야 한다.

추론과 추상적 사고력이 요구되는 과학

5학년이 되면 간단한 실험은 스스로 할 수 있어야 한다. 이를 위해 가장 중요한 것은 실험 설계로, 여기서 가장 문제가 되는 것은 '가설 설정'과 '실험 통제'다. 예를 들어 식물과 물의 관계를 알아보는 실험을 한다면, '물을 주지 않았을 때 어떻게 될 것이다'라는 가설을 설정할 줄 알아야 한다. 또 그 가설을 검증하기 위해 어떤 부분을 실험 통제해야 하는지 알아야 한다. 앞서 실험을 예로 들면 물의 양을 제외한 나머지 조건들은 동일하게 제공해 줘야 한다.

또 5학년 과학 중 아이들이 가장 어려워하는 것은 '지구와 우주' 영역의 지구과학 내용이다. 내용이 추상적이기 때문이다. 예를 들어 1학기 3단원 '태양계와 별'은 지구를 비롯해 우주에 대해 배운다. 평소 관심이 있지 않고서는 교과서를 통해 처음 배우기 때문에 생소할 수밖에 없고 내용 자체가 추상적이기 때문에 대단히 어렵다. 따라서 5학년 과학은 지구과학 내용에 특별히 유념하여 학습해야 한다. 사진 자료를 많이 접할수록 도움이 되므로, 지구와 우주와 관련된 책을 많이 제공해 주는 것이 좋다.

5학년 과학 학습 내용

영역	내용
운동과 에너지	• 온도와 열 • 물체의 운동
물질	• 용해와 용액 • 산과 염기
생명	• 다양한 생물과 우리 생활 • 생물과 환경
지구와 우주	• 태양계와 별 • 날씨와 우리 생활

공책 정리, 온·오프라인 수업에 활용 가능한
완벽 수업 테크닉

공책은 아이의 수업 태도를 말해 준다

아이의 성적이 저조하다면 교과서나 노트를 유심히 살펴보길 바란다. 십중팔구 온갖 낙서와 여기저기 끼적거린 메모들로 가득할 것이다.

공부 잘하는 아이들의 노트나 교과서를 보면 수업 내용이 일목요연하게 정리되어 있다. 선생님이 수업 중 강조한 내용에는 밑줄을 치거나 형광펜으로 표시해 시험 때 참고한다. 교과서에 없는 설명은 간략하게 적어 놓아 복습할 때 활용한다.

코로나19 팬데믹으로 인해 재택 온라인 수업이 이어지면서 공책 정리의 중요성은 이전보다 한층 더해졌다. 학교에서 공부할 때는 선생님이 적으라는 것을 공책에 정리하면 되었지만 온라인 수업에서는 학생 자신이 판단해서 필요하거나 중요한 것을 공책에 정리해야 하기 때문이다. 바야흐로 공책 정리 기술은 온라인 수업 시대를 맞아 학습 격차를 더 벌어지게 하는 요인으로 작용하고 있는 실정이다.

아이들이 공책을 정리하는 형태는 일반적으로 세 가지로 구분된다. 선생님의 설명을 통째로 필기하는 아이, 전혀 필기하지 않는 아이 그리고 선생님의 설명을 나름 요약하여 필기하는 아이다.

대부분 첫 번째 부류에 속한다. 이는 수업에 수동적으로 임하고 있음을 의미한다. 가장 안타까운 경우가 두 번째 부류로 수업에 전혀 집중하지 않는다는 뜻이다. 세 번째 부류는 가장 이상적인 수업 태도로, 공부 잘하는 아이들이 보이는 모습이다. 이들은 수업 중 선생님의 설명을 자기 것으로 만들어 재정리해 놓을 뿐만 아니라, 설명의 중요도를 스스로 판단하여 곳곳에 보충 설명 등을 적어 놓는다.

공책 정리가 중요한 이유는 수업 집중도가 높아진다는 장점도 있지만, 무엇보다 엄청난 학습 효과를 동반하기 때문이다. 누군가의 말을 듣고 그 핵심을 파악하여 요약하는 능력은 듣기 능력의 궁극적인 지향점이다. 공책 정리를 통해 이런 능력을 자연히 키울 수 있으며 정보의 도식화 및 체계화 능력도 쌓을 수 있다.

공부 잘하는 아이의 공책 정리 기술

아이마다 다르지만 공부 잘하는 아이들의 공책 정리에는 몇 가지 특징이 있다. 그것은 매우 깔끔하다는 것이다. 심지어 공책을 사용하는 시간이 훨씬 많음에도 불구하고 보관 상태가 매우 좋다. 궁금하거나 모르는 부분이 나오면 항상 꺼내 보고 적을 수 있도록 소중히 보관하기 때문이다. 또한 단순히 선생님의 설명을 받아 적는 것이 아니라 자기 나름대로 보충하는 등 자기만의 표시가 많다. 자신이 보기 좋도록 정리 틀을 가지고 있다. 자기만의 노하우로 잘 정리된 공책은 자기주도학습에서 가장 중요한 요소로, 반드시 꼭 갖춰야 한다.

공책 정리 기술을 단시간에 익히기는 어렵지만 다음 사항에 주의하여 꾸준히 연습하면 누구나 효과적으로 할 수 있다.

① 글씨 깔끔하게 쓰기

글씨가 엉망이면 보기조차 싫어진다. 아무리 애써 정리한 것도 글씨를 알아보지 못하면 소용없다. 그러나 아이가 악필이라 해도 걱정할 필요는 없다. 글씨 모양이 예쁘고 안 예쁘고를 떠나 정성스럽게 쓰면 된다. 자신이 정성 들여 쓴 공책은 소중하기 때문에 펼쳐 보고 싶은 마음이 생긴다. 공책을 활용하여 효과적으로 공부하기 위해서는 글씨를 깔끔하게 쓰는 연습부터 시켜야 한다.

② 내용 보충하기

공책을 깔끔하게 정리한다고 공책의 가치가 생기는 것은 아니다. 선생님이 정리해 준 내용을 그대로 베끼는 것은 반쪽짜리 필기다. 자기만의 공책을 만들 수 있어야 한다. 이를 위해 선생님이 정리해 준 내용 외에 공부하면서 알게 된 내용들을 보충해 놓도록 지도한다. 이때 선생님의 설명과 구분 지을 수 있도록 다른 색을 사용하게 한다.

③ 중요도 체크하기

중요도에 따라 별표를 하거나 형광펜 등을 이용해서 표시하게 한다. 이것은 시험 직전 핵심 내용만 재빠르게 파악할 때 상당한 도움이 된다.

④ 구조화하기

선생님에 따라 과목별로 공책을 어떻게 사용하라고 구조화시켜 주기도 한다. 예를 들어 왼쪽은 도식을, 오른쪽은 도식 설명을 정리하라는 식으로 알려 주는 것이다. 이렇게 공책을 구조화하는 이유는 정리 내용을 한눈에 보기 위해서다. 일례로 공책 한 바닥을 나누어서 왼쪽에는 중요한 내용이나 제목들을 쓰고 오른쪽에는 그 설명을 적어 공책을 구조화하는 방법도 있다.

처음부터 이렇게 하기는 힘들다. 정리가 잘된 공책을 흉내 내는 연습부터 시켜야 한다. 그러는 사이 스스로 자신에게 맞는 방법을 찾아간다.

TIP

공책을 구조화하는 구체적 방법

• 공책의 장마다 왼쪽 3~5cm 정도에 세로로 선을 긋는다.

• 교과, 수업 일자, 단원명 등을 굵은 글씨나 다른 색깔로 적는다.

• 왼쪽 칸에는 핵심 내용이나 핵심 낱말을 적는다.

• 오른쪽에는 수업 내용 정리를 하되 중요한 내용을 요점 정리한다.
  - 제목은 색을 달리하여 굵은 펜으로 눈에 띄게 크게 적는다.
  - 관련 내용이 많을 때는 번호를 붙여 쓴다.
  - 내용이 바뀌면 문단을 바꾼다.
  - 내용의 수정, 보충 시 포스트잇을 사용하면 효과적이다.
  - 잘 모르는 내용은 교재에서 확인하거나 선생님께 물어본다.

• 중요한 내용에 표시를 하거나 밑줄 긋기, 색칠 등을 한다.
  - 다양한 기호를 이용 : 강조(★), 잘 모르겠음(?), 보충 설명(※), 아이디어(💡) 등
  - 중요도 별점 표시 : 중요(★), 매우 중요(★★), 시험에 나옴(★★★) 등
  - 색깔에 따라 구분 : 중요(노란색), 매우 중요(파란색), 시험에 나옴(빨간색) 등
  - 필기도구로 밑줄 긋기 : 중요(플러스펜), 매우 중요(색연필), 시험에 나옴(형광펜) 등

예·복습,
선행 학습은 예습이 아니다

공부를 잘하는 아이들은 공부를 열심히 하기도 하지만 참 효율적으로 한다. 똑같은 시간을 공부하더라도 효율적으로 공부하기 때문에 효과가 좋다. 우등생들이 애용하는 효과적인 공부법 중에 예습과 복습을 빼놓을 수 없다.

예습, 복습을 하라고 하면 부담감을 가지기 쉬운데 수업 전 그리고 수업 후 5분씩만 투자해도 충분하다. 그리고 5학년 때 이러한 습관을 붙인 아이들은 본격적인 공부가 시작되는 중 · 고등학교 때 그 효과를 눈으로 확인할 수 있다.

10쪽, 10분 예습의 법칙

예습은 일견 부담스럽게 느껴진다. 하지만 예습만큼 쉬운 것도 없다. 수업 전날이나 직전에 배울 내용을 훑어보기만 해도 충분하다. 이것만으로도 수업 집중도가 높아진다.

선행 학습을 예습으로 오인하는 경우가 있는데 선행 학습과 예습은 엄연히 다르다. 예습은 기본적으로 다음 시간에 배울 내용을 다루지만, 선행 학습은 다음 시간에 배울 내용에 상관없이 앞서 공부하는 것이다. 그래서 수업 집중도나 효율성 면에서 선행은 예습보다 효과가 훨씬 더 떨어진다.

예습은 시기와 요령이 중요하다. 그 내용을 배우는 시간과 가까울수록 예습 효과가 좋다. 예를 들어 월요일 3교시가 사회라면 2교시 쉬는 시간에 사회를 예습하는 것이 최적이다. 하지만 현실적으로 그렇게 하기란 상당히 어렵다. 대신 아침 자습 시간이나 전날 저녁 시간을 활용하면 좋다. 한번에 모든 과목을 예습하기가 부담스러울 것 같지만 그렇지 않다. 국어, 수학, 사회, 과학, 네 과목을 예습한다고 해도 불과 몇 쪽밖에 되지 않는다. 5학년을 기준으로 할 때, 보통 1차시 분량이 국어 4쪽, 수학 2쪽, 사회 2쪽, 과학 2쪽으로 총 10쪽 정도 된다. 10쪽 정도를 쭉 훑어보는 데, 아주 세세하게 읽는다고 해도 10분 남짓밖에 걸리지 않는다.

단 예습할 때 중요하다고 생각되는 곳에 줄을 그어가면서 읽도록 지도한다. 또 소리 내어 읽으면 좋다. 눈으로만 읽는 묵독黙讀보다 음독音

讀이 훨씬 학습 효과와 집중력 향상에 좋다. 읽다가 잘 이해가 안 가거나 궁금한 사항이 생기면 교과서에 표시하거나 적어 두게 한다. 그러면 수업 중 그 부분에 보다 집중해서 듣게 된다. 그래도 모르겠으면 선생님에게 질문해서 해결하도록 한다.

이러한 예습은 공부할 때 심리적인 도움도 받을 수 있는데, 수업 시간에 자기가 공부한 흔적을 보면서 편안함과 자신감을 느끼게 되기 때문이다.

'수업 후 2분'의 힘

5학년 승희는 조금 남다른 구석이 있었다. 승희는 수업이 끝나도 친구들과 달리 한동안 자리를 뜨지 않았다. 꼭 1~2분 정도 자리에 앉아서 전시간에 배운 것을 훑어본 후에야 친구들과 놀기 시작했다. 그래서인지 승희는 별로 공부를 열심히 하지 않는 것 같은데 항상 상위권의 성적을 유지했다. 그야말로 복습 효과를 톡톡히 보고 있었다.

복습의 효과를 증명하듯이 많은 학습심리학자들이 예습보다 복습이 훨씬 더 중요하다고 말한다. 만약 시간상 예습과 복습을 모두 할 수 없다면 복습을 해야 한다는 것이다.

그렇다면 복습은 언제 하는 것이 가장 좋을까? 예습처럼 복습 역시 그시기가 매우 중요한데, 복습은 배운 후 하루를 넘기지 말아야 한다. 가장 좋은 방법은 승희의 사례처럼 수업이 끝나자마자 하는 것이다. 방금 배운 탓에 내용 이해도 잘 되고 선생님이 핵심 내용도 이미 짚어 주었기 때문에 1~2분 정도면 40분 수업 분량을 복습할 수 있다.

만약 아이가 이를 힘들어한다면 집에서라도 복습하는 습관을 길러 줘야 한다. 단 복습 시간은 될 수 있는 한 짧아야 한다. 그렇지 않으면 초등 아이들 습성상 실패하기 쉽다. 한 과목당 5분 이내로 제한하며, 그날 배운 내용 중에서 핵심 내용을 표시하거나 자기만의 보충 설명 등을 추가하도록 돕는다.

부모가 아이를 살펴 줄 여력이 좀 더 있다면 배운 내용을 핵심만 간추려 1~2분 정도 발표해 보게 하는 것도 좋다. 부모에게 수업 내용을 정리하여 발표해야 하기 때문에 수업에 보다 집중하게 되는 효과가 있다.

남녀 차이,
성별 맞춤형 공부가 필요하다

여자인 엄마가 남자인 아들을 가르칠 때

앞 장에서도 잠시 언급했지만 5학년이 되면 남녀 차이가 확 벌어지기 때문에 공부하는 방식도 달라져야 한다. 여자아이에게 맞는 공부법이 있는가 하면 남자아이에게 맞는 공부법이 있는 것이다.

그런데 현실적으로 남자아이는 자신에게 맞지 않는 공부 방식을 강요받곤 한다. 왜냐하면 대부분 남자아이의 공부를 봐주고 관리해 주는 사람이 엄마이기 때문이다. 엄마 역시 여자이기 때문에 여자의 공부 방식으로 남자아이를 다그친다. 게다가 남자아이가 책상에 오래 앉아 있지 못하는 것을 이해하지 못한다. 여자에게는 별로 어렵지 않은 일이기 때문이다.

이 차이 때문에 엄마와 아이가 부딪치게 된다. 엄마는 절대 이해할 수 없는 남성의 기질을 가지고 있는데, 그것을 고려하지 않고 여자아이의 공부 방식을 강요하다 보니 공부 효율도 떨어지고 문제가 생기는 것이다.

남자아이는 공부량, 여자아이는 공부 시간

육상 선수에 비유한다면 남자아이는 단거리 선수, 여자아이는 장거리 선수다. 즉 남자아이는 순간적으로 뿜어내는 폭발력은 강하나 지구력이 떨어진다. 반면 여자아이는 순간적인 폭발력은 약하나 지구력이 강하다.

이런 특성 때문에 남자아이는 대체로 몰아치기 공부 방식에 능하고 여자아이는 꾸준하고 계획적인 공부 방식에 능하다. 이렇다 보니 남자아이는 계획표를 세워 공부하는 방식이 맞지 않는다. 공부 계획표를 세워 성실하게 공부하는 방식은 여자아이에게 더 적합하다.

남자아이는 공부량을 정해 그날 중에 자유롭게 끝내는 방식이 효과적이다. 정해 준 공부량만 해낸다면 아이 마음대로 시간을 활용할 수 있게 하는 것이다. 남자아이는 순간 집중력이 강하기 때문에 자신이 하고 싶을 때 엄청난 기세로 공부를 끝낸다. 단 아이에게 시간 사용의 자유를 주되 혹시 공부를 대충하지는 않는지 꼭 확인해야 한다.

남자아이는 이해 과목, 여자아이는 암기 과목

남자아이는 머리 회전과 순간적인 판단력이 빠르기 때문에 수학, 과학 등 이해 과목에 강하다. 반면에 여자아이는 언어 능력이 발달하여 암기 과목이나 언어 영역 과목에 강하다. 그래서 남자아이는 영어나 국어를 싫어하고 여자아이는 수학을 싫어한다.

이를 아이의 성향이라고 생각해 그대로 방치해서는 곤란하다. 오히려 남자아이는 영어에 흥미를 가질 수 있도록 꾸준히 영어에 노출시키고, 여자아이는 수학을 포기하지 않고 꾸준히 할 수 있도록 격려해 주어야 한다. 그래야만 경쟁력이 생긴다.

영어, 국어를 잘하는 여자아이들은 많기 때문에 수학에서 점수를 확보하지 못하면 상위권으로 진입하기 어렵다. 반대로 수학을 잡으면 순식간에 앞서 나갈 수 있다.

남자아이는 짧고 굵게, 여자아이는 꾸준히 성실하게

치타는 먹이를 쫓을 때, 순간 시속이 100km 이상 된다고 한다. 그렇게 빨리 달리는데도 놓치는 먹이가 있다. 왜냐하면 오래 달릴 수 없기 때문이다. 너무 빨라 쉽게 과부하가 걸리는 것이다.

남자아이는 치타에 비유할 수 있다. 머리 회전이 빠르고 에너지가 넘치기 때문에 짧고 굵게 공부를 시켜야 한다. 오래 잡아 두면 절대 안 된다. 짧게 공부시키고 자꾸 땀 흘려 놀게 해야 한다. 남자아이들은 체육 시간에 땀을 흠뻑 흘리고 나면 차분해지면서 집중력이 높아지는 모습을 보인다. 이는 운동을 통해 쌓인 스트레스를 해소했기 때문이다. 그래서 남자아이에게는 같이 땀 흘려 줄 수 있는 아빠의 존재가 대단히 중요하다.

반면 여자아이는 남자아이에 비해 훨씬 정적이며 지속력이 길다. 에너지를 서서히 발산하기 때문에 오래 공부할 수 있다. 그렇다고 너무 장시간 앉아 있으면 잡생각이 많아지고 스트레스가 쌓이기 때문에 일정 간격으로 운동할 수 있도록 해줘야 한다. 물론 남자아이들처럼 땀을 흘리는 격한 운동은 아니다. 남자아이들은 운동을 통해 스트레스를 푼다면 여자아이들은 수다를 통해 푼다. 그래서 여자아이들에게는 마음 놓고 수다를 떨 수 있는 엄마의 존재가 소중하다.

또한 남자아이는 조작 활동 중심의 공부를 좋아한다. 학교에서도 조작 활동 시간만큼은 여자아이들이 남자 친구들에게 도움을 청하기 바쁘다. 남자아이는 책상에 오랜 시간 앉아 있는 것을 고문 중에서도 상고문으로 느낀다. 가급적 활동 위주로 공부할 수 있도록 해야 공부에 흥미를 느끼며 잘할 수 있다.

남자아이는 인정받기 위해, 여자아이는 관심받기 위해

우리가 흔히 하는 말 중에 "남자는 자기를 인정해 주는 사람을 위해 목숨을 걸고, 여자는 자기를 사랑해 주는 사람을 위해 목숨을 건다"라는 말이 있다. 이는 공부에서도 마찬가지다.

고학년 남자아이들은 엄마라면 손사래를 친다. 그 이유를 물으면 많은 아이가 '엄마는 잔소리쟁이'라는 것이다. 어떤 남자아이는 이런 말도 했다.

"우리 엄마는요, 잔소리 핵폭탄 제조기예요."

남자아이의 문제를 잔소리로 해결하려고 하면 일만 더 꼬인다. 잔소리가 아닌 '인정'과 '격려'가 문제 해결의 열쇠다.

학교에서도 남자아이들은 작은 칭찬이나 인정에도 너무 좋아 어쩔 줄 모른다. 이런 일이 계기가 되어 남자아이는 공부에 매진하거나 혹은 인생의 항로를 결정하기도 한다. 누군가로부터 인정을 받은 남자아이는 날개를 단 듯 비상할 수 있다. 따라서 공부 결과에 대해 충분히 격려와 인정을 해줘야 한다.

이에 비해 여자아이는 끊임없이 관심을 가져 주어야 한다. 남자아이는 공부 중간에 엄마가 관심을 보이면 '왜 이렇게 귀찮게 하냐'는 반응을 보인다. 하지만 여자아이는 공부하는 중간 중간에 관심을 가져 주면 대단히 좋아하며 더욱 열심히 공부한다. 남자아이는 자기의 능력을 인정받기 위해 열심히 공부한다면, 여자아이는 부모의 관심을 받기 위해 열심히 한다. 그만큼 관심을 보이고 표현해 주는 것이 대단히 중요하다. 시간을 같이 보내 주거나 안아 주는 등 '널 언제나 지켜보고 있으며 사랑한다'는 메시지를 계속 보내 줘야 한다.

우뇌가 발달한 아들, 좌뇌가 발달한 딸

지금까지 설명한 남녀의 공부 방식의 차이는 뇌 구조의 차이에서 기인한다.

요점부터 말하면 남자아이는 우뇌가 발달한 반면 여자아이는 좌뇌가 발달했다. 이는 후천적인 것이 아니라 선천적으로 그렇게 태어난다. 엄마 배 속에서부터 남성 호르몬인 테스토스테론의 분비가 우뇌를 더욱 발달하게끔 만든다.

우뇌는 예술적인 상상력과 공간지각 능력, 정보를 종합적이고 통합적으로 처리하는 기능을 담당한다. 남자가 여자에 비해 길 찾기나 운전 같은 것을 잘하는 것도 공간지각 능력을 우뇌에서 담당하기 때문이다. 반면 좌뇌는 언어 유창성과 분석적이고 논리적인 사고 기능을 담당한다. 여자가 표현력이 좋고 언어 구사력이 뛰어난 것도 좌뇌 발달 덕분이다.

남자아이는 우뇌가 발달한 탓에 움직이고 직접 경험하고 만지고 들여다보는 것에 흥미를 느끼지만 가만히 앉아서 누군가의 말에 귀를 기울이는 것은 어려워한다. 이런 뇌 구조는 근본적으로 학교 교육에 불리하게 작용하며 눈과 손의 협응력이 필요한 온라인 게임에 쉽게 빠지게 한다. 이를 미연에 방지할 수 있도록 충분한 운동과 잠을 통해 남자아이의 공격성과 흥분을 가라앉혀 주는 것이 좋다.

3장

5학년 국어, 무엇이 어려워질까?

빠르게 주제를 파악하는 능력과 논리적 글쓰기에 비상등이 켜진다

국어를
공부하는 이유

국어는 우리말을 다루는 과목인 탓에 다소 과소평가하는 경향이 있다. 하지만 국어가 절대 호락호락한 과목이 아님을 이 책을 읽고 있는 분들은 경험으로 알고 있을 것이다. 쉬운 것 같으면서 절대 쉽지 않고 좋은 점수 받기 힘든 것이 바로 국어다.

20여 년 동안 아이들을 가르치면서 국어를 못하면서 다른 과목을 잘하는 아이는 보지 못했다. 왜 그런 것일까? 국어는 모든 교과의 기초가 되는 도구 교과이자, 모든 교과를 통합하고 아우르는 핵심 교과이기 때문이다. 즉 국어를 못하면 다른 어떤 과목도 잘할 수 없다는 뜻이다.

국어를 배우면서 아이는 우리말의 정확한 이해와 효과적인 표현법을 터득하게 된다. 이런 능력은 다른 교과목을 공부하는 데 중요한 밑바탕이 될 뿐 아니라 삶을 풍성하게 만들어 준다.

수학 만점보다 국어 만점이 더 어려워진 시대

이런 우스갯소리가 있다. '수학을 잘하게 하려면 차를 팔면 되고, 영어를 잘하게 하려면 집을 팔면' 된다. 그러면 국어를 잘하게 하려면 어떻게 해야 하는 것일까? '다시 태어나면' 된다. 웃어 넘길 수만 없는 것이 이 말이 어느 정도는 사실이기 때문이다.

0.01% vs 0.63%

이 비율은 2022학년도 수능에서 국어와 수학 만점자 비율이다. 수학 만점 받기가 정말 어려울 것 같지만 수학 만점자가 국어 만점자보다 63배나 더 많다. 국어 만점자는 고작 28명에 불과했다고 한다. 국어 만점 받기가 얼마나 어려운지를 말해 주고 있다. 수능에서 한때 영어나 수학에게 내줬던 변별력의 왕좌를 국어가 다시 되찾은 듯한 느낌이다. 국어를 못하면 상위권 대학 입학은 꿈꾸기 힘든 시대가 되었다.

학년이 올라갈수록 국어 실력은 학습에 중요한 부분을 차지한다. 교과 내용도 어려워져 수준 높은 어휘가 많아지고 지문 길이도 비약적으로 증가한다. 게다가 발표 수업의 비중이 많아지면서 생각을 논리정연하게 전달하고 선생님의 질문에 조리 있게 대답하는 능력이 중요해진다.

평가 방식 역시 창의적 사고와 자기 표현력을 신장시키기 위해 객관식이나 단답형에서 벗어나 서술형, 논술형으로 바뀌어 가고 있다. 어렵게 공부해서 알게 된 지식일지라도 이를 표현하지 못하면 좋은 결과를 기대하기 어려워진 것이다. 책을 읽고 자신의 생각을 꾸준히 표현하는 글쓰기 연습이 어느 때보다 절실한 시대가 되었다.

논리적으로 생각을 전개해야 하는 논술은 국어의 최상위 능력을 요구한다. 여전히 우리 아이들은 정보를 떠받아 먹는 데 익숙하여 스스로 생각하고 표현하는 데 약하다. 게다가 공책 필기를 하지 않아 핵심 내용을 잘 정리하지 못한다. 부모는 아이가 어려서부터 부족한 국어 실력을 보완하고 향상시킬 수 있도록 도와줘야 한다.

5학년 국어의
특징

초등 국어에서 배우는 것

초등 국어에서 무엇을 배우는지 알면 아이의 국어 공부를 효과적으로 도와줄 수 있다. 초등 국어는 국어 생활을 하는 데 필요한 기초적인 내용으로 이루어져 있는데, 크게 '의사소통, 문학, 문법' 3가지 영역으로 나뉜다.

의사소통 영역은 타인과 서로의 느낌이나 생각, 뜻 등을 주고받는 것으로, '듣기, 말하기, 읽기, 쓰기'로 나뉜다. 듣기와 읽기는 언어를 이해하기 위한 의사소통 기술이고, 말하기와 쓰기는 표현하기 위한 의사소통 기술이라 할 수 있다. 의사소통 기술을 제대로 습득하지 못하면 자신의 생각이나 느낌 등을 제대로 전달할 수 없어 일상생활에 지장을 받는다.

문학은 글로 표현하는 예술이다. 자신의 생각이나 느낌, 뜻을 소리로 표현하면 음악이 되고 몸으로 표현하면 무용이 되며 언어로 표현하면 문학이 된다. 그 표현법에 따라 동시, 동화, 소설, 수필 등으로 나눌 수 있다. 문학을 제대로 습득하지 못하면 경험하지 못한 세계로의 여행이 불가능해진다. 또한 다양한 삶에 대한 이해가 부족하여 인격 성장이 느려진다.

문법은 우리말의 법칙이다. 우리말의 짜임, 순서, 특징 등에 대해 정리한 것이 문법으로, 의사소통과 문학의 밑바탕이 된다. 따라서 문법을 잘 알지 못하면 우리말을 제대로 사용할 수 없다. 우리말에 대한 정확한 문법을 알고 있어야 제대로 된 언어생활을 할 수 있다.

초등 국어는 의사소통인 듣기, 말하기, 읽기, 쓰기를 중심으로 문학과 문법을 자연스럽게 공부할 수 있도록 이루어져 있다. 예를 들어 토끼와 자라가 등장하는 「별주부전」을 배운 후 내가 자라라면 토끼를 어떻게 설득시킬 것인지를 발표하거나 써보게 한다. 이를 위해서는 내용과 상황에 대해 완벽히 이해하고 있어야 한다. 그리고 그 이해를 바탕으로 주장과 근거에 유의한 말하기와 글쓰기를 할 수 있어야 한다. 즉 문학 이해와 동시에 우리말의 어법과 문법을 터득하게 하는 것이다.

이처럼 초등학교에서는 문학과 문법을 독립된 영역으로 다루지 않고, 의사소통을 배우는 가운데 자연스럽게 익히도록 구성되어 있다.

발달 특성으로 보는 국어 교육의 학년별 특징

일반적으로 아이가 태어나서 초등학교를 졸업할 때까지의 발달 단계는 다음과 같이 나눌 수 있다.

모든 물체를 입으로 인식하는 '구순기', 비록 말은 잘 못하지만 경험을 통해 자신이 무엇을 했을 때 칭찬받는지를 인지하며 엄마와 의사소통을 꾀하는 '항문기', 소리를 통해서 상상의 세계를 넓혀 가는 '소리기', 경험을 통해 삶의 세계를 확장해 가는 '경험기', 줄기 생각을 활용해서 논리의 세계를 펼치는 '논리기'로 구분 지을 수 있다. 이에 따르면 초등 저학년은 '소리기', 중학년은 '경험기', 고학년은 '논리기'에 해당된다. 각각의 특성을 간략하게 소개하면 다음과 같다.

소리기에 해당하는 1학년 아이들은 상상의 세계와 현실의 세계를 혼동하는 경향이 있어 '상상 혼동기'라고도 한다. 자신이 경험하지 않은 것도 마치 사실인 것처럼 천연덕스럽게 말한다. 이런 특성 때문에 가끔 아이를 거짓말쟁이로 오인하는 경우가 생긴다.

2학년 아이들은 상상력에 비해 표현력이 부족하여 온몸으로 표현하는 경향이 있기 때문에 '온몸 표현기'라고 한다. 일상에서 의성어와 의태어를 많이 사용한다. "으악~!" "슈웅~!" 등의 표현을 쓰며 기괴한 동작을 하는데, 이는 넘치는 에너지와 표현력을 주체하지 못해 나타나는 자연스러운 현상이다. 이런 특성 때문에 저학년 때의 국어 수업은 정확하게 듣기와 올바른 말하기가 강조된다. 또한 또박또박 소리 내어 읽기가 강조된다. 눈으로 글자를 보며 소리를 내어 읽으면 시각과 청각이 동시에 자극 받아 뇌가 활성화되기 때문이다.

경험기에 해당하는 3학년은 상상의 세계에서 현실의 세계로 넘어오는 단계로 자신의 직접 경험을 중시한다. 이 때문에 3학년을 특별히 '직접 경험기'라고 한다. 새롭고 색다른 경험을 시켜 주면 일기 내용이 확연히 달라지는 특징이 있다.

이에 비해 4학년은 간접 경험, 즉 독서를 통해 삶의 세계를 넓혀 가는 '간접 경험기'에 속한다. 4학년부터는 자신이 직접 경험해 보지 않아도 독서를 통한 간접 경험이 가능하기 때문에 자녀의 독서 교육에 더욱 많은 관심을 가져야 한다. 이런 특징 때문에 3, 4학년 국어는 자신의 경험과 관련된 글을 읽고 써보는 활동이 강조된다. 말하기와 듣기 활동 역시 자신의 경험을 바탕으로 이야기의 인과 관계가 잘 드러나도록 하는 데 중점을 둔다.

논리기에 해당하는 5학년은 중심 생각을 바탕으로 논리의 세계를 확장해 간다. 논리에서 가장 중요한 것은 근거 제시다. 자신의 경험도 근거가 될 수 있지만 경험에는 한계가 있다. 이전까지는 직접 경험을 중시한 국어를 강조했다면 5학년부터는 '자료 활용기'로 다양한 자료의 활용을 유도한다.

6학년은 '논리 형성기'로, 주장에 따른 근거 제시의 요령을 심도 있게 배우며 스스로 논리를 전개할 수 있는 능력을 갖추기 시작한다. 이 무렵의 아이들은 품위 있고 논리적으로 말하려 노력한다. 그래서 조리 있고 논리정연하게 말하는 아이들은 또래 집단에서 리더가 되고, 그렇지 못한 아이들은 친구들의 비웃음을 사기도 한다.

이런 발달 특성 때문에 5, 6학년 때는 듣기, 말하기, 읽기, 쓰기 전 영역에서 논리성을 강조한다. 말하는 이의 의도와 목적을 파악하며 비판적으로 듣기가 강조되고, 조리 있게 말하기(토론)가 중요시된다. 또한 이야기의 생략된 부분을 논리적으로 추론하며 읽기와 논리적인 글쓰기가 요구된다.

5학년 국어에서 반드시 잡아야 하는 내용

5학년은 논리기에 해당하기 때문에 논리성을 강조한 내용이 많이 등장한다. 한 작품을 배울 때마다 서술형·논술형 문제가 나온다. 단순히 지문의 내용을 정리하는 수준의 글쓰기가 아닌 논리적인 글쓰기를 요구한다. 문제는 아이들 대부분 자신의 주장과 근거를 제시하는 논리적인 구조와 전개에 익숙치 않다는 것이다. 논리적 글쓰기를 잘하려면 '4단 논법' 즉 '의견 주장Opinion → 이유나 근거Reason → 사례나 예시Example → 의견 강조Opinion'에 익숙해져야 한다. 많은 연습이 필요하다. 이 부분은 5, 6학년 국어의 핵심이자 이후 국어 공부의 바탕이 된다.

이와 관련하여 성산초등학교 교사이며 교육학 박사인 김세곤 교사가 「초등 공부 잘하는 법」이라는 논문을 낸 적 있다. 이 논문에서 김세곤 교사는 『강아지똥』(권정생 글, 정승각 그림, 길벗어린이)을 읽고 자신의 의견을 주장한다면 다음과 같이 4단 논법을 사용하여 간략하게 주장할 수 있어야 한다고 했다.

우리는 강아지똥의 사랑법을 본받아야 한다.(의견 주장) → 왜냐하면 강아지똥은 민들레에게 아낌없는 사랑을 베풀었기 때문이다.(이유나 근거) → 강아지똥은 참새, 닭들이 더럽고 냄새나는 똥이라고 무시했지만 참고 인내하며 민들레꽃을 피우기 위해 자신을 거름으로 내어 주었다.(사례나 예시) → 따라서 우리는 이러한 강아지똥의 헌신적인 사랑을 본받아야 한다.(의견 강조)

5학년 아이들 중에는 자연스럽게 이러한 논리의 흐름을 펼치는 아이도 있지만 대부분 그렇지 못하다. 논리성은 논술 학원을 다닌다고 해서 길러지는 것이 아니다. 물론 논리 전개에 필요한 이론을 터득할 수는 있지만, 궁극적으로 다양한 경험과 풍부한 독서로 배경지식을 쌓는 것이 중요하다. 평소 말을 하거나 글을 쓸 때도 습관적으로 논리적으로 표현하려고 노력해야 한다.

국어 공부,
이렇게 하면 잘할 수 있다

시험이나 입시에서 힘을 발휘하는 읽기 자료

독서의 중요성에 대해서는 지금까지 수없이 강조했다. 많은 책을 접할수록 아는 것이 많아지고 그만큼 이해의 폭도 넓어진다. 독서하지 않는 아이는 공부를 잘할 수 없다. 책을 읽지 않아도 지금 당장은 좋은 성적을 받을 수 있다. 학습 내용이 쉽고 문제가 어렵지 않은 저학년 때는 그 차이를 알 수 없다. 진짜 실력은 고학년 때 드러나기 마련이다. 그리고 이때 만들어진 차이는 중·고등학교에 가서는 되돌릴 수 없을 만큼의 간극을 낳는다.

독서는 모든 공부의 시작이자 결정적 요소다. 특히 국어 과목에서는 더욱 그러하다. 교과서에 등장하는 지문의 출처와 장르가 다양해졌다.

『잘못 뽑은 반장』(이은재 글, 서영경 그림, 주니어김영사)과 같은 어린이 문학 작품이나 『공룡 대백과』(이용규 외 지음, 이상민 그림, 웅진주니어), 『지켜라! 멸종 위기의 동식물』(백은영, 지음, 허라미 그림, 뭉치)과 같이 과학책에나 등장할 법한 내용도 국어 교과서에 실리게 되었다. 이런 내용을 처음 접하는 아이들에게는 낯설고 당황스러울 수밖에 없다. 다양한 분야의 독서가 더욱 절실해진 이유다.

독서는 비단 '책 읽기'만을 뜻하지 않는다. 5학년이란 학년 특성을 감안하여 독서 영역 중에서 '신문 읽기'를 권하고 싶다.

아이들이 고학년이 되면 정치, 경제와 같은 시사 문제에 대한 관심이 늘어난다. 제일 재미있는 텔레비전 프로그램이 뉴스라는 아이들이 생기기 시작하는 것도 바로 5학년이다. 이 시기를 놓치지 않고 뉴스를 접할 수 있도록 도와주자. 신문을 읽으며 아이들은 사회적 관심을 충족하고 새로운 정보를 얻는다. 그렇게 쌓인 배경지식은 수업의 이해를 돕고, 각종 시험이나 입시에서 효과를 발휘한다. 더욱이 육하원칙에 맞춰 논리적으로 서술된 기사들을 자주 접하다 보면 자연히 이러한 사고 과정을 익히게 된다.

신문 읽기는 이처럼 다양한 장점을 가지고 있다. 실력 향상으로 이어질 수 있도록 적극 도와줘야 한다. 신문을 읽고 있을 때 아이가 다가와 관심을 보인다면 다소 귀찮더라도 한두 장을 건네 같이 읽어 보자. 처음에는 제목(헤드라인) 위주로 보게 한다. 신문 기사는 아이들 수준에 글씨가 너무 작고 내용도 어렵다. 따라서 헤드라인을 먼저 읽고 그중에서 관심

가는 제목의 기사만 가볍게 읽힌다. 욕심 내지 않고 매일 조금씩 읽는 양을 늘려 간다. 이런 측면에서 온라인 신문보다는 종이 신문을 추천한다. 요즘은 디지털 시대를 맞아 종이 신문이 뒷전으로 밀렸지만 종이 신문은 온라인 신문보다 더 직관적으로 볼 수 있을 뿐만 아니라 정서적으로도 좋다. 이 때문에 신문 읽기에 관심을 갖고 습관을 들이는 데는 온라인 신문보다는 종이 신문이 유리한 측면이 있다.

신문을 처음 접한다면 기사보다는 사진을 먼저 보게 하는 것이 좋다. 사진은 나이가 어리거나 이해력이 부족한 아이도 쉽게 볼 수 있다. 요즘 신문은 섹션별로 기사가 구분되어 나오기 때문에 아이가 관심을 보이는 섹션부터 도전해 보자.

아이가 기사를 읽을 때는 옆에서 어려운 어휘가 나오면 사전을 찾아서 알려 줘야 한다. 또한 뉴스나 신문도 틀릴 수 있음을 인지시켜 어려서부터 비판 의식을 길러 주는 것이 바람직하다.

학습 어휘의 90%는 한자어다

한자를 정식 교과로 배우지는 않지만 그 중요도는 다른 과목에 뒤지지 않는다. 우리말 어휘의 70% 이상이 한자로 되어 있어 한자를 모르면 우리말을 제대로 이해할 수 없기 때문이다. 특히 학습 어휘는 일상 어휘보다 한자어가 훨씬 많다.

다음 5학년 사회 교과서를 한번 보자.

법을 어기는 **행동**은 다른 사람에게 피해를 주고 다른 사람의 **권리**를 **침해**하며 사람들 간의 **갈등**을 **유발**한다. 우리 **생활**에서 **법**을 지키지 않는 **사례**를 살펴보고, 이러한 **행동**으로 어떤 일이 **발생**할지 **상상**하여 **발표**해 보자.

_사회 5-1

굵은 글씨는 모두 한자어다. 우리말은 '우리, 사람, 어떤'처럼 아주 쉬운 말이나 '~을, ~은, ~하며, ~한다'와 같은 조사, 접미사뿐이라는 것을 알 수 있다. 학습 어휘에서 한자어의 비중이 90% 이상이라는 것은 결코 빈말이 아니다.

한자를 알면 한글을 적확하게 사용할 수 있다. 아이들의 받아쓰기 실력은 학년에 가릴 것 없이 그야말로 참상에 가깝다. 취학 전에 한글을 떼는 등 한글을 익히는 속도는 빨라졌지만, 고학년이 되어서도 소리 나는 대로 쓰거나 받침을 전부 틀리게 쓰는 아이가 한둘이 아니다. 그 까닭을 살펴보면 한자를 몰라서인 경우가 많다.

예를 들어 '소질 계발'을 '소질 개발'로 쓰는 것은 계발(일깨우다 계啓, 일어나다 발發)이란 한자를 모르기 때문이다. '세배'를 '새배'로 쓰는 것도 세배(나이 세歲, 절하다 배拜)라는 한자를 모르기 때문에 항상 헷갈리는 것이다. 어떤 아이는 '공중화장실이 왜 공중에 없고 땅에 있나요?'라는 질문을 해서 당황스럽게 만든다. 공중公衆을 공중空中으로 잘못 알고 하는 질문이다. 역설적이지만 한자를 알면 한글을 더욱 정확하게 사용할 수 있는 바탕이 된다.

한자를 배우면 생각하면서 글을 읽는 좋은 습관을 갖게 된다. 한자는 뜻글자이기 때문에 내용을 이해하지 못하면 읽을 수 없다. 따라서 글을 읽을 때 유심히 읽게 되고 이것이 습관이 되면 행간의 뜻을 파악하며 읽게 된다. 저절로 깊이 생각하는 습관이 생기고 학습 능력이 비약적으로 발전한다. 또한 한자를 알면 모르는 단어도 유추가 가능해진다. 예를 들어 '물 수水'를 배운 아이는 '수도, 수로, 생수, 수질, 온수, 냉수'와 같은 단어들을 접하는 순간 '물 수'를 떠올린다. 이렇게 관련된 한자만 떠올릴 수 있어도 그 단어의 뜻 일부를 알 수 있다.

한자를 공부시킬 때 유의해야 할 점이 있다. 바로 한자 쓰기에 집착하지 말라는 점이다. 어떤 부모님은 한자는 쓰면서 외워야 한다고 처음부터 쓰기를 강요한다. 하지만 초등학생에게 한자 쓰기는 고문과 같다. 아직 손의 조작 능력이 한자를 쓸 만큼 발달하지 않아 쓰기를 강조하다 보면 한자에 대한 흥미를 잃기 쉽다. 따라서 한자 교육을 할 때는 쓰기보다는 읽기 중심으로 해야 한다.

최근 『사자소학』, 『명심보감』 같은 고전을 이용해서 공부하는 것이 유행이다. 한자 공부뿐 아니라 인성 함양에도 큰 도움을 받을 수 있기 때문에 적극 추천한다. 고전이지만 초등 아이들도 이해할 수 있을 정도로 어렵지 않고 몇 백 자의 기본 한자만 알아도 한문 원문을 읽을 수 있다. 부모의 말이라면 아무리 옳은 말일지라도 잔소리로 받아들이는 아이들에게 성현의 말을 통해 하고 싶은 이야기를 들려줄 수 있어 속이 다 시원하다는 부모도 많다.

한자는 속담이나 격언, 고사성어를 통해 익히는 것이 효율적이다. 예를 들어 어부지리漁夫之利라는 한자어를 한 자 한 자 따로 가르치는 것보다는 사자성어로 배경 이야기와 함께 배우도록 한다. 언제 사용하는 것인지를 정확히 알게 되어 평소 말하거나 글을 쓸 때 활용이 쉬워진다.

아이가 한자에 흥미를 갖는다면 한자능력검정시험에 도전해 봐도 좋다. 한국어문학회나 한자교육진흥회에서 주관하는 국가공인자격증 시험이기 때문에 도전해 볼 만하다.

국어 공부의 시작은 전략적 교과서 읽기부터

교과서는 모든 공부의 우선이며 출발점이다. 하지만 대부분 교과서를 소홀히 한다. 학교나 학원에서 제공하는 요약집과 문제 풀이에만 집중한다. 대단히 비효율적이며 바람직하지도 않은 공부 방식이다.

교과서는 아이들의 발달 수준을 가장 많이 고려한 읽을거리다. 수많은 전문가가 모여 아이들의 발달 수준을 고려하여 거르고 걸러 한 권의 교과서를 만든다. 그래서 교과서는 아이의 학력을 체크할 수 있는 바로미터다. 만약 아이가 5학년 교과서를 이해하지 못한다면 이해력, 어휘력

등이 5학년 미만이라는 뜻이다. 반대로 5학년 교과서가 너무 쉽게 느껴진다면 어휘력, 이해력이 5학년 이상이라는 뜻이다.

모든 과목의 교과서가 중요하지만, 특히 국어 과목은 반드시 정독할 수 있도록 도와야 한다. 제대로 읽지 못하고 넘어갈 확률이 크기 때문이다. 고학년 국어 교과서에 문학 작품이 등장하는 경우 본문 분량이 10쪽을 넘어가기도 한다. 40분의 수업 시간 동안 본문을 모두 정독하고 학습 목표까지 달성하기란 상당히 빠듯하다. 학교에서 여유 있는 본문 읽기를 기대하기가 어려운 이유다. 반드시 집에서 교과서를 꼭 읽을 수 있도록 도와야 한다.

국어 교과서를 읽을 때는 반복해서 소리 내어 읽는 것이 좋다. 단원별로 한두 번씩 소리 내어 읽게 하자. 최대 10분 남짓의 시간밖에 걸리지 않으니 부담 없이 할 수 있다. 반복해서 읽다 보면 읽을 때마다 다른 재미를 발견할 수 있다.

처음에는 내용 이해만도 벅차지만 읽다 보면 글 속에 숨어 있는 아름다운 표현과 인물들의 성격, 특징도 파악하게 된다. 즉 처음에는 숲만 보이다가 점점 나무들이 보이기 시작하는 것이다. 1~2주에 한 단원씩 학교 진도에 맞춰 매일 한두 번씩만 읽어도 본문을 열 번 이상 읽게 된다. 그러다 보면 내용을 완벽하게 이해하게 될 뿐만 아니라 군데군데 외우는 부분도 생긴다. 그리고 이렇게 외워진 표현은 글쓰기나 말하기를 할 때 자연스럽게 튀어나온다.

교과서를 읽을 땐 방에 있는 아이 소리가 거실에서도 들릴 정도로 크게 읽도록 한다. 아이들은 저학년만 되어도 음독하지 않고 묵독을 한다. 그래서인지 고학년이 되어서도 소리 내어 읽기를 힘들어하고 의미 단위로 끊어 읽지 못하는 아이가 많다. 음독을 하면 이러한 문제들을 개선할 수 있다.

그리고 교과서를 읽을 때는 사진이나 그림도 유심히 살펴보도록 한다. 본문 내용이 자연스럽게 사진과 연결되어 이해가 더 잘되며 기억력도 높아진다. 읽기 전에 먼저 그림을 보고 어느 부분에 해당하는 내용일지 미리 예상해 보는 놀이를 하면 유추력과 사고력도 키울 수 있다.

가장 빠른 국어 실력 향상법

독서를 통해 국어 실력을 확 끌어올려 줄 수 있는데, 이때 권하고 싶은 것이 고전이다. 필자는 반 아이들에게 하루에 20분씩 고전을 읽힌 결과, 국어 반 평균 점수가 90점이 넘는 쾌거를 기록하기도 했다. 그렇다면 어떤 책이 좋을까?

5학년 아이들에게 추천하고 싶은 것은 『논어』, 『소학』, 『플라톤 대화편』과 같은 인문 고전이다. 글 전개가 굉장히 논리적이기 때문에 글을 읽는 사이 자신도 모르게 사고가 논리적으로 변한다. 당연히 말하기와 글쓰기가 논리정연해진다. 물론 지금까지 고전을 읽어 본 적이 없다면 처음에는 힘들 수 있다. 글의 서술 방식이 낯설어서 느끼는 어색함이지 내용 자체는 그리 어렵지 않다. 아이 혼자 읽게 해서는 100% 실패한다. 부모가 하루에 한 쪽이라도 함께 읽는 것이 중요하다.

글쓰기,
정말 중요할까?

　이 책을 읽고 있는 부모님 중에 독서의 중요성을 모르는 분은 없을 것이다. 하지만 글쓰기의 중요성을 묻는다는 고개를 갸웃거릴 확률이 높다. 우리 사회가 아직 글쓰기의 중요성을 간과하는 부분이 크고, 무엇보다 입시에서 글쓰기가 크게 부각되지 않기 때문이다. 학교 현장에서도 듣기, 말하기, 읽기, 쓰기 중에서 가장 소홀히 다루어지고 있는 영역이 다름 아닌 쓰기 영역이다. 실제로 그 중요성이 떨어지기 때문이 아니라 다른 영역에 비해서 가르치기가 쉽지 않고 교사들조차 글쓰기 방법을 잘 모르기 때문이다. 그러나 앞으로 우리 아이들의 입시에는 논술형·서술형 수능이 도입될지도 모른다.

　내 아이의 경쟁력을 키워 주고 싶고, 앞으로 아이가 살아갈 미래 사회를 제대로 준비시키고 싶다면 고학년이 되는 5학년부터는 글쓰기에 관심을 가지라고 말하고 싶다. 저학년 때는 책 읽기에 관심을 가지고 많은 책을 읽는 것이 정말 중요하다. 하지만 고학년이 되면 읽기만으로는 부족하다. 읽기로 쌓은 배경지식을 바탕으로 자신의 지식과 생각을 표현하는 글쓰기에 관심을 가져야 한다. 책 읽기 다음은 글쓰기다. 5학년은 글쓰기를 본격적으로 시작할 수 있는 최적의 시기다.

하버드 졸업생이 말한 성공의 조건

세계적인 명문 하버드대학을 졸업한 1600명에게 두 가지 질문을 했다.

-당신이 현재 하는 일에서 가장 중요한 것은 무엇인가?
-대학 시절 가장 도움이 된 수업은 무엇인가?

두 질문에 90% 이상이 "글쓰기!"라고 답하며, 그들은 무슨 일을 하든 성공의 관건은 글쓰기라고 입을 모았다. 실제 하버드대학의 신입생이라면 반드시 이수해야 하는 수업이 있는데, 바로 글쓰기 강의다. 그들이 졸업할 때까지 쓴 글의 양을 종이 무게로 환산하면 50kg이 넘는다고 한다. 하버드대생은 글쓰기 중심의 수업을 통해 자신의 생각을 설득력 있게 전달하는 법을 배우고, 졸업할 때쯤에는 자신만의 이야기를 표현할 수 있는 '작가' 수준의 글쓰기 실력을 갖추게 된다.

작가가 된다는 것은 생산자의 삶을 살아간다는 뜻이다. 다른 사람이 써놓은 글이나 책을 읽는 것은 지식 소비자의 삶이다. 이런 삶은 타인에게 영향을 받는다. 하지만 글을 쓰면 상황이 역전된다. 남에게 영향 받던 삶에서 남에게 영향 끼치는 삶으로 돌아선다. 지식의 소비자에서 생산자가 되는 것이다. 즉 글쓰기 능력은 아이에게 엄청난 생산 수단을 장착해주는 것과 다름없다.

지식의 양이 아니라 표현하는 능력이 성적을 좌우한다

1966년 노벨 생리의학상을 수상한 피터 도허티Peter Doherty 박사는 노벨상을 받게 된 원동력이 무엇인지 묻는 질문에 뜻밖의 대답을 했다.

"과학을 연구하고자 한다면 글을 잘 쓸 줄 알아야 해요. 글을 잘 쓰지 못하면 연구 결과를 설명할 수가 없어요. 글을 잘 쓰는 사람이 생각도 명확히 하며 연구도 잘합니다."

피터 박사의 말을 들어보면 글쓰기가 왜 중요한지를 알 수 있다. 글쓰기는 새로운 것을 구상하고 창조해 낼 뿐 아니라 자신이 아는 것을, 즉 자신의 능력을 표현하는 또 다른 수단이 되는 것이다. 학습의 마지막 단계에 글쓰기가 오는 것도 이런 까닭이다.

아무리 아는 것이 많고 번뜩이는 아이디어를 가지고 있어도 이를 잘 표현하지 못하면 사람들이 알 수 없다. 당연히 글쓰기 능력이 뛰어난 아이에 비해 시험에서도 좋은 점수를 받기 어렵다.

'특정 분야의 일을 줄곧 해와서 그에 관해 풍부하고 깊이 있는 지식이나 경험을 가지고 있는 사람.'

사전에 나온 '전문가'의 정의다. 우리 사회는 점점 특정 분야의 전문가가 되지 않으면 살아남기 힘든 사회가 되어 가고 있다. 너무나 잘 알고 있듯이 사회적인 대우나 보수에 있어서도 전문가와 비전문가의 차이는 하늘과 땅 차이다.

어떤 일을 하든 그 분야에서 전문가로 인정받고 성공하기 위해서는 글쓰기 능력이 필수다. 독후활동이 중요한 것도 책을 읽은 뒤 떠오른 감정이나 생각, 그리고 책의 내용을 정리하여, 나만의 새로운 지식을 갖게 하기 때문이다. 그동안 배운 지식을 바탕으로 새로운 나만의 지식을 만들어 내는 활동이 바로 글쓰기다.

주도적인 삶을 살게 하는 글쓰기

일찍이 플라톤은 자유인과 노예의 구분을 이렇게 했다. '자기 꿈을 이루는 사람'은 자유인, '남의 꿈을 이뤄 주는 사람'은 노예라고 했다.

어떻게 하면 아이를 자유인으로 키울 수 있을까? 남의 말이나 시선을 의식하지 않고 자기주도적으로 살아가는 아이로 키우려면 어떻게 해야 할까?

글쓰기는 자신의 생각을 정리하고 확립해 가는 활동이다. 글을 쓰는 사람들은 타인의 시선을 의식하고 다른 사람의 의지대로 살아가기보다 자기주도적으로 생각하고 행동하기 마련이다. 자기주도적인 인생을 살아가는 것이다.

글쓰기는 스치고 지나가는 사건과 생각, 순간을 붙잡아 의미를 부여하고 해석하는 과정을 거친다. 의미와 생명력을 부여하다 보면 별것 없어 보이는 일상도 특별한 의미로 다가온다. 내 삶의 의미를 계속 생각하고 따져 보게 되는 것이다. 나는 어떤 사람인지, 어떤 생각을 가지고 있는 사람인지, 특정 상황에서 나는 무엇을 느끼는지, 나 자신을 비롯해 나를 둘러싼 사회에 대해 깊이 알게 되고 남다른 통찰력과 안목을 쌓게 된다. 글을 쓰다 보면 진정한 나의 인생을 살아갈 확률이 높아진다.

글쓰기 실력이 쌓이는
일상 습관

글쓰기를 힘들어하는 아이의 마음을 헤아려 준다

저학년 아이들에게 글을 쓰라고 하면 우는 아이들이 종종 있다. 왜 우냐고 물으면 생각이 안 난다거나 너무 힘들다고 말한다. 고학년 아이들은 울지만 않을 뿐 한두 줄 간신히 써놓고 연필만 굴리고 있다. 학년을 불문하고 아이들에게 글쓰기 시간은 그야말로 죽을 맛이다.

아이들은 왜 이렇게 글쓰기를 힘들어하는 것일까? 사실 아이 이상으로 어른들 역시 글쓰기를 힘들어한다. 직장인을 대상으로 한 설문조사에서 '보고서와 문서 작성에 스트레스를 받은 적이 있는가?'라는 물음에 88%가 그렇다고 답했다. 또한 응답자 중 78%가 글쓰기 능력과 성공은 상관관계가 있다고 답했으며, 평사원보다 과장 및 부장급 중 91%가 글쓰기를 강조했다. 이런 통계를 종합해 보면 글쓰기 고통은 아이보다 어른이 더하면 더했지 결코 덜하지 않다.

글쓰기는 어른도 힘들어하는 작업이라는 것을 늘 명심하자. 아이의 고충을 이해하면 좀 더 너그러워질 수 있다. 글쓰기를 어렵고 부담스럽게 느끼면 잘하기 어렵다. 아이가 쓴 글을 평가하기보다 글을 쓰는 행위 자체를 칭찬하고 응원해 줘야 한다. 아이들이 글쓰기를 고통스러워하는 가장 큰 이유는 글 쓸 준비가 되지 않았는데 글쓰기를 강요하는 데 있다. 걷지도 못하는 아이에게 뛰라고 하면 아이가 뛸 수 있을까?

말을 잘하기 위해서는 말문이 틔어야 하듯 글을 잘 쓰기 위해서는 글문이 틔어야 한다. 처음부터 글을 쓰게 하기보다 먼저 말로 표현하게 하면 좋다. 또 다양한 경험을 통해 아이의 표현 욕구를 자극해 주자. 신나고 새로운 경험을 한 아이는 누군가에게 말하고 싶어진다. 이때를 노려 글을 써보게 하는 것이다. 이런 경험이 쌓이면 글쓰기를 일상 속에서 자연스럽게 이어갈 수 있다.

매일 하루, 한 문장 쓰기

아이는 물론 부모조차도 글쓰기를 너무 특별하게 생각하는 경향이 있다. 하지만 글쓰기는 특별한 것이 아니다. 글은 말, 그림, 노래, 몸짓처럼 자신을 표현하는 방법 중 하나다. 극히 자연스러운 활동인 것이다.

매일 하루에 한 문장 쓰기에 도전해 보자. 무엇이든 좋다. 매일 한 줄 일기 쓰기, 수업 시간에 배운 내용 한 문장 요약하기, 한 줄 독서감상문 쓰기 등, 아이와 의논하여 시작해 보자. 이런 활동을 꾸준히 한다면 글쓰기는 물론 공부에도 큰 도움이 된다.

어떤 방식이 되었든 자신이 꾸준히 할 수 있는 글쓰기 활동을 한 가지 정해 실천해 보길 바란다. 글쓰기를 연례행사처럼 하니 당연히 할 때마다 어색하고 어렵게 느껴지는 것이다. 하지만 글쓰기를 어떤 형식으로든지 매일 한 문장씩이라도 하면 달라진다. 매일 하다 보면 익숙해지고 익숙해지면 쉽게 느껴지고 잘하기 마련이다.

필사처럼 좋은 글 선생님은 없다

아이에게 어떻게 글쓰기 지도를 하면 좋은지 물어보는 분이 많다. 가장 좋은 것은 좋은 글쓰기 선생님을 만나는 것이다. 하지만 집에서도 쉽게 좋은 글쓰기 선생님을 만나는 방법이 있다. 바로 책이다.

책을 읽다 보면 유독 끌리는 작품이 있다. 특별히 인지하지 못했지만 그 책의 문장이나 문체가 나와 잘 맞는다는 뜻이다. 이런 작품을 골라 필사를 한다. 작가에게 직접 글쓰기 지도를 받는 것 이상의 효과를 누릴 수 있다. 필사를 하다 보면 작가의 문장 호흡과 표현 방식, 어휘의 쓰임을 자연스럽게 습득하게 된다.

꾸준히 할 수 있도록 아이가 좋아하는 작품으로 시작하면 좋다. 자기가 좋아하는 작품을 필사했을 때의 성취감이란 이루 말할 수 없다. 너무 두꺼운 책으로 시작하면 부담스러울 수 있으니, 얇은 책을 권한다. 또 연필로 한 글자, 한 글자 필사해야 한다. 연필로 적다 보면 그 문장을 여러 번 반복해 읽고 읊조리게 되기 때문이다. 하루에 한두 쪽, 적은 분량이라도 충분하다.

아이의 쓰기 문제를 알 수 있는 일기

쓰기는 언어소통 능력 중에서 가장 최고봉에 해당하는 능력이다. 가장 많은 사고가 필요하며 듣기나 읽기 등을 통하여 얻은 배경지식이 없으면 좋은 글을 쓸 수 없다.

쓰기 능력을 향상시키는 방법은 당연히 많이 써보는 것이다. 이런 측면에서 일기 쓰기는 아이의 쓰기 능력을 향상시키는 가장 좋은 방법이다. 일기를 쓰면서 아이는 문장 쓰기와 표현력을 기를 수 있을 뿐 아니라 하루 일과를 돌아보며 자신의 행동을 반성하는 시간을 가질 수 있다. 반성은 아이의 정신적 성숙을 도와 논리적 사고를 가능하게 해준다. 하지만 아이러니하게도 아이들이 가장 하기 싫어하는 숙제가 바로 일기 쓰기다. 아이가 일기 쓰기를 싫어하는 이유를 잘 살펴보면 아이의 쓰기 문제점을 알 수 있다.

관찰력, 사고력이 부족하다

일기를 잘 쓰기 위해서는 사물이나 대상에 대한 섬세한 관찰력이 필요하다. 사람의 심리처럼 보이지 않는 부분까지 볼 수 있는 눈이 있어야 좋은 일기를 쓸 수 있다. 또한 일기에는 자신의 생각과 느낌이 담겨 있어야 하는데 사고력이 부족한 아이는 단순 사실만을 기록하게 된다.

글의 주제가 없다

글을 잘 쓰는 아이들의 일기는 말하고자 하는 주제가 뚜렷하다. 그런데 그렇지 못한 아이들은 무슨 말을 하고자 하는지 도무지 알 수가 없다. 이 이야기 저 이야기가 혼재되어 있기 때문이다.

글쓰기는 대체로 '주제 결정 → 글감 찾기 → 계획 수립 → 글 구성하기(얼개 짜기) → 표현하기 → 글다듬기'의 순서로 진행된다. 이런 순서로 글을 써야 제대로 된 글을 쓸 수 있다.

글을 잘 쓰는 아이들은 이런 순서가 몸에 배어 있어 굳이 의식하지 않아도 이 순서에 따라 글을 쓴다. 하지만 글쓰기에 서툰 아이들은 이런 기본적인 순서조차 잘 모르는 경우가 많다. 자신이 무엇을 써야겠다는 계획조차 세우지 못하기 때문에 일기 안에 여러 내용이 섞여 있는 것이다.

이런 아이들은 일기를 쓰기 전에 오늘 있었던 일 중에서 가장 인상 깊거나 재미있었던 일은 무엇인지, 하고 싶은 말은 없는지 등을 물어 그 이야기만을 쓸 수 있도록 연습시켜야 한다.

배경지식이 부족하다

배경지식이 풍부할수록 글도 풍성하고 재미있어진다. 글을 잘 쓴다는 것은 표현력이 좋다는 의미도 있지만 아는 것이 많다는 의미도 있다. 아는 것이 많은 아이는 비유를 적절히 사용하여 글이 굉장히 생동감 있고 재미있다. 만약 아이의 글이 단조롭고 재미없다면 그만큼 아이의 지식이 부족하다는 뜻이다. 배경지식을 키울 수 있도록 많은 책을 읽히고 다양한 경험을 시켜 줘야 한다.

공감 능력과 감수성이 부족하다

사람의 마음을 울리는 글의 공통점은 감수성과 공감력이 뛰어나다는 것이다. 글을 읽다 보면 내 이야기 같은 착각이 드는 경우가 있는데 작가의 감수성과 공감력이 뛰어나다는 방증이다. 이런 글을 쓰기 위해서는 나만이 아니라 타인의 감정에도 관심을 가지고 들여다보는 힘이 있어야 한다. 그만큼 글 쓰는 사람에게 감수성과 공감 능력이 요구되는데, 쓰다 보면 좋아지기도 한다. 그런 글은 읽는 재미가 뛰어나며 몰입도가 대단히 높다.

문단을 지을 줄 모른다

문단은 여러 개의 문장이 모여 하나의 소주제를 나타내는 '글 덩어리'로 4학년 때 배운다. 5학년이 되면 이를 바탕으로 설명문, 논설문을 읽은 뒤 문단별로 소주제를 파악하고, 글 전체의 주제를 잡는 연습을 한다. 하지만 고학년 중에 문단을 지어서 일기를 쓸 줄 아는 아이들은 매우 드물다. 원인은 문단의 개념을 잘 모르는 데다 문단을 짓기 위한 체계적인 사고를 하지 못하기 때문이다. 아이 수준에 맞는 책 중에서 문단이 잘 구분된 책을 이용하여 각각의 문단이 어떻게 나누어져 있는지를 분석하는 연습을 해야 한다.

아이의 일기에 어떤 문제가 있는지를 살피고 그 문제에 집중해서 지도하다 보면 아이의 쓰기 능력이 훨씬 향상될 것이다.

5학년이라면,
논술 글쓰기를 잡아라

초등학교에서 배우는 글쓰기는 다음과 같다.

초등 국어 교육 과정 중 '쓰기' 영역

학년군	쓰기 내용
1~2학년	• 글자를 바르게 쓰기 • 자신의 생각을 문장으로 표현하기 • 주변의 사람이나 사물에 대해 짧은 글 쓰기 • 인상 깊었던 일이나 겪은 일에 대한 생각이나 느낌 쓰기
3~4학년	• 중심 문장과 뒷받침 문장 갖추어 문단 쓰기 • 시간의 흐름에 따라 사건이나 행동이 드러나게 글 쓰기 • 관심 있는 주제에 대해 자신의 의견이 드러나게 글 쓰기 • 읽는 이를 고려하여 자신의 마음을 표현하는 글 쓰기
5~6학년	• 쓰기는 절차에 따라 의미를 구성하고 표현하는 과정임을 이해하고 글 쓰기 • 목적이나 주제에 따라 알맞은 내용과 매체를 선정하여 글 쓰기

5~6학년	• 목적이나 대상에 따라 알맞은 형식과 자료를 사용하여 설명하는 글 쓰기 • 적절한 근거와 알맞은 표현을 사용하여 주장하는 글 쓰기 • 체험한 일에 대한 감상이 드러나게 글 쓰기

이 표를 잘 살펴보면 4학년까지는 주로 서사문敍事文 쓰기를 하는 것을 알 수 있다. 서사문은 생활하면서 있었던 일을 솔직하고 자세하게 쓴 글을 말한다. '이야기글'이라고도 부른다. 서사문에는 생활문(일기), 기행문, 견학기록문, 관찰기록문 등이 있는데 초등학생들이 하는 대부분의 글이 여기에 속한다고 할 수 있다.

하지만 고학년이 되면서 설명하는 글(설명문), 주장하는 글(논설문)처럼 논술 글쓰기를 시작한다. 논술은 생각이나 의견을 논리적으로 써야 하는 글이기 때문에 개인적인 경험이나 느낌을 주로 쓰는 생활문과는 결이 많이 다르다. 생활문은 자기만의 기록이기 때문에 다소 비논리적이고 감정적으로 치우쳐 글을 써도 괜찮다. 하지만 논술은 다르다. 논술은 상대방에게 내 의견과 생각을 설득력 있게 전하는 것이 목적이기 때문에 논리적이고 객관적으로 써야 한다. 또한 생활문은 자신의 체험이나 관심을 주제로 쓰면 되지만 논술은 공동의 관심사를 글감으로 하는 것이 일반적이다.

논리적인 글쓰기의 기초 닦기

논술에서 가장 중요한 것은 자신의 주장을 전개해 가는 논리다. 많은 아이가 주장만 있고 논거가 없는 글을 쓰거나 계속 주장만 중언부언한다.

평소 자기 생각이나 의견을 분명하게 표현하는 습관을 들이면 논술 글쓰기를 할 때 많은 도움이 된다. 자기 생각이 분명히 드러나는 글이란 '생각, 까닭, 사실'이 담겨 있는 문장을 뜻한다. 예를 들어 다음처럼 구성할 수 있다.

> ▶ 생각 : 나는 아빠를 좋아한다.
> ▶ 까닭 : 아빠는 나에게 다정하게 대해 주시기 때문이다.
> ▶ 사실 : 아빠는 친구처럼 다정하게 말씀하신다. 아빠는 내 연필도 깎아 주신다. 아빠는 학교 숙제도 잘 도와주신다.

이렇게 '생각, 까닭, 사실'에 유념하면 논리적인 글쓰기가 매우 쉬워진다. 생각, 까닭, 사실을 그대로 이으면 자신의 주장과 논거가 담긴 논리적인 글이 되기 때문이다.

> 나는 아빠를 좋아한다. 왜냐하면 아빠는 나에게 다정하게 대해 주시기 때문이다. 아빠는 친구처럼 다정하게 말씀해 주시기도 하고, 가끔 내 연필을 깎아 주시기도 하고, 학교 숙제도 잘 도와주신다.

나는 이런 아빠가 참 좋다.

생각, 까닭, 사실을 그대로 옮겨 적은 것에 불과하지만 한 개의 논리적인 문단이 완성되었다. 이런 문단이 서너 개 모이면 하나의 그럴듯한 글이 완성된다.

생각, 까닭, 사실 쓰기가 쉬워 보이지만 고학년 아이들도 어려워한다. 특히 까닭과 사실을 잘 구분하지 못하고 까닭에 어울리지 않는 사실을 열거하는 경우가 많다. 훈련이 필요하다. 평소 일기를 쓰거나 말을 할 때 자신의 주장이나 생각을 생각, 까닭, 사실로 나눠서 표현하다 보면 금방 실력이 쌓인다.

효과적인 주장 방법 '4단 논법'

논리적 글쓰기 중에 '4단 논법'이란 것이 있는데, 생각, 까닭, 사실을 좀 더 발전시킨 것이다. 앞에서도 소개한 적 있는 4단 논법은 '의견 주장 → 이유나 근거 → 사례나 예시 → 의견 강조'을 말한다. 앞글자를 따서 오레오(Opinion, Reason, Example, Opinion)라고도 하는데, 하버드에서 글쓰기 할 때 가르치는 방법이라 하여 하버드 글쓰기로도 유명하다.

4단 논법을 활용하면 좀 더 자신의 생각과 의견을 강하고 효과적으로 주장할 수 있다. 일상생활에서도 다음처럼 적용할 수 있다.

4단 논법 일상생활 적용 예시

4단 논법 단계	주장 예시 1	주장 예시 2
의견 주장	스마트폰 바꿔 주세요.	치킨 시켜 주세요.
이유나 근거	왜냐하면 오래 사용해서 배터리도 너무 빨리 방전되고, 사진 해상도가 너무 낮거든요.	왜냐하면 치킨 먹은 지가 너무 오래되었거든요.
사례나 예시	며칠 전에 엄마한테 중요한 일로 전화하려고 했었는데 방전되어 못했단 말이에요.	예전에는 최소 일주일에 한 번은 먹었는데 최근에는 한 달이 지나도록 한 번도 못먹었단 말이에요. 지금 치킨을 먹으면 매우 행복할 것 같아요.
의견 강조	그러니까 새것으로 바꿔 주세요. 가급적 새로 나온 00폰이 좋은 것 같아요. 배터리 수명이 오래가고 사진 해상도도 아주 좋거든요.	그러니까 치킨 시켜 주세요. 가능하면 오늘은 양념 치킨보다는 후라이드 치킨이 더 먹고 싶으니, 후라이드로 시켜 주세요.

국어 교과서에 등장하는 주장하는 글들을 유심히 살펴보면 많은 경우 4단 논법의 형태를 띠고 있다는 사실을 알 수 있다. 4단 논법 글쓰기가 익숙해지면 어떤 글보다 논술 글쓰기가 쉬워진다. 토론 중 말하기를 할 때도 4단 논법으로 말을 하면 논리적 허점 없이 말할 수 있다.

4장

5학년 수학, 무엇이 어려워질까?

수학의 첫 번째 위기, 선행 학습보다 분수가 먼저다

수학을 공부하는 이유

　수학을 싫어하는 아이들 중에 가끔 "선생님! 이렇게 골치 아픈 수학은 왜 배우는 거예요? 슈퍼에서 돈 계산만 할 줄 알면 되는 것 아닌가요?"라고 질문하는 경우가 있다. 이런 의문을 가지는 것은 비단 아이들만이 아닐 것이다.

　우리는 수학을 개념이나 원리를 배워서 문제를 푸는 것 정도로 폄하하는 경향이 있다. 하지만 수학을 배우는 목적은 그 이상이다. 교육 과정에서는 '수학과는 수학의 개념, 원리, 법칙을 이해하고 기능을 습득하여 주변의 여러 가지 현상을 수학적으로 관찰하고 해석하며 논리적으로 사고하여 합리적으로 문제를 해결하는 능력과 태도를 기르는 교과'라고 규정한다. 여기에 비추어 볼 때 그동안 우리는 수학의 학습 목표를 개념, 원리, 법칙처럼 지식적인 영역만을 강조해 왔음을 알 수 있다. 하지만 기능과 태도 영역을 간과해서는 안 된다. 수학을 배우는 궁극적인 목적은 궁극적으로 논리적이고 합리적으로 사고하고 해결하는 '수학적 사고력'을 기르기 위한 것임을 명심해야 한다.

수학적 사고력이란 말 그대로 '수학적으로 사고하는 힘'을 말한다. 수학적으로 사고한다는 것은 스스로 문제의 개념과 원리를 파악하고 논리적으로 추론해 문제를 해결하는 능력을 말한다.

수학적 사고력이 높은 사람은 어떤 문제에 부딪쳤을 때 해결책을 제시하며, 남들이 생각하지 못한 새로운 방법을 모색해 낸다. 또한 어려움이 닥쳐도 다양한 시도를 꾀해 극복해 내고자 한다. 수학적 사고력은 앞으로 살아가는 데 없어서는 안 될 중요한 능력이라고 할 수 있다.

5학년 수학의
특징

수학의 첫 번째 위기, 5학년

3학년 수업 시간 중 어떤 아이가 분수를 배우고 나더니 "선생님, 분수는 무슨 외계인들이 사용하는 수 같아요."라고 말했다. 그만큼 어렵고 낯설게 느껴진다는 의미일 테다.

아이들이 5학년 수학을 가장 어려워하는 이유는 바로 분수를 이용한 학습이 위주가 되기 때문이다. 5학년은 분수의 사칙연산을 완성하는 시기로 1학기 때는 6개 단원 중에 3개 단원이 직간접적으로 분수를 다룬다. 그리고 이때 배운 분수를 바탕으로 6학년 때는 조금 더 심화된 분수의 곱셈과 나눗셈을 배운다.

이전까지 주로 자연수의 사칙연산만 배우다 5학년이 되면서 갑자기

분수의 사칙연산을 그것도 1년 만에 끝내려니 어려울 수밖에 없다. 그리고 이는 수많은 아이가 수학을 포기하는 주된 원인이 된다.

고3 학생을 대상으로 수학을 포기한 시점을 조사한 결과 초5, 중2, 고1, 고2로, 위기의 시기가 총 네 번임을 알 수 있었다. 그중 5학년은 수학에서 첫 번째 맞이하는 위기 학년이다. 따라서 5학년은 수학 과목에 최우선적으로 집중해야 한다. 만약 5학년 수학을 놓친다면 중·고등학교 때 수학을 포기할 확률이 매우 높다. 문이과 통합 수능으로 이과생이 유리해진 요즘, 수학을 포기했을 때의 결과는 설명 안 해도 알 것이다. 수학이야말로 5학년 공부의 전부라고 강조하고 싶다.

고학년이 되면 공부를 잘하는 아이와 못하는 아이로 갈리는 것이 아니라 수학을 잘하는 아이와 못하는 아이로 갈린다. 그만큼 수학이 공부에 끼치는 영향이 너무도 크다. 이 시기 수학을 잡아야 이후 공부에서 절대적으로 유리한 고지를 점할 수 있다.

보충 기회가 없는 수학

다른 과목들은 지금 부족하더라도 이후 충분히 만회할 수 있다. 하지만 수학은 그럴 수 없다. 고학년 아이들이 어려워하는 사회를 예로 들어보겠다. 5학년 때 역사를 공부하면서 선사시대부터 근현대사까지 주요 내용을 한 번에 배우는 탓에 엄청난 학습량에 골치를 썩는 아이들이 있다. 하지만 이 내용은 중·고등학교에서 보다 상세하게 배우게 된다. 즉 이때 제대로 학습하지 못했다 해도 만회할 기회가 있다.

수학은 그렇지 않다. 5학년 때 분수를 놓치면 이후 어떤 학년에서도 분수를 다시 배우지 못한다. 수학은 특성상 학년이 올라갈수록 심화된 내용만을 배울 뿐이다. 분수를 모르는데 중학교 때 배우는 방정식이나 함수를 이해한다는 것은 불가능하다. 이런 이유 때문에 수학을 체인chain 과목이라고 부른다.

체인은 모든 고리가 연결되었을 때 제 역할을 하며 어느 한 부분이라도 끊어지면 쓸모가 없다. 수학 역시 어느 한 부분을 놓치면 영영 손쓸 수가 없어진다. 따라서 수학은 선행보다는 아이의 학습이 제 시기에 제대로 이뤄지고 있는지 점검해야 한다. 어느 한 부분이 끊어져 있다면 그 부분을 이어 주기 위해 노력을 기울여야 한다. 만약 끊어진 채로 방치하고 선행한다면 영영 회복할 수 없게 된다.

체인 중에서도 특히 강하게 결속돼 있어야 하는 부분이 있다. 이 부분을 강하게 해놓지 않으면 이내 끊어지고 탈이 난다. 분수가 바로 여기에 속한다.

학원을 다녀야 한다는 강박 관념을 버려라

"선생님, 학원은 몇 학년 때부터 보내야 하나요?"

학부모 대상 강연을 다니다 보면 이런 질문을 참 많이 받는다. "왜 학원에 보내려고 하는데요?"라고 되물으면 "남들이 다 보내니까 저희 아이도 보내야 할 것 같아서요……."라면서 말끝을 흐린다.

부모님들은 학원을 꼭 보내야 한다는 강박 관념을 가지고 있는 것 같다. 필자 역시 아이를 키우고 있기 때문에 그 마음을 모르지 않는다. 하지만 수학만큼은 학원에 대한 강박 관념을 버리길 바란다. 수학은 절대 학원을 다닌다고 잘할 수 있는 과목이 아니기 때문이다.

영어는 학원을 다니면 그 실력이 월등히 좋아질 수 있다. 학원이 잘 가르쳐서라기보다 영어에 노출되는 시간이 많아지기 때문이다. 아무리 집에서 아이에게 영어를 가르친다고 해도 학원만큼 체계적이고 지속적으로 영어를 접할 수 없다. 그래서 학원이 더 효과적이다.

하지만 수학은 그렇지 않다. 수학 시험을 볼 때면 재미있는 광경이 벌어지곤 한다. 수학 시험지를 나눠 주면 "어! 이 문제 어제 학원 선생님이 풀어 준 문제하고 똑같아요!"라며 좋아하는 아이들이 있다. 그런데 정작 그 문제를 풀지 못한다.

왜 이런 현상이 생기는 것일까? 그것은 수학의 특성 때문이다. 수학은 많이 듣고 많이 노출된다고 해서 실력이 늘지 않는다. 오히려 학원이나 과외 선생님이 푸는 것을 보면서 마치 자신도 풀 수 있다는 착각에 빠진다. 수학은 자신이 직접 풀어 봐야 비로소 자기 실력이 된다. 그래서 아무리 유명하다고 소문난 선생님에게 과외를 받아도 자신이 직접 해보지 않으면 수학 실력은 좀처럼 향상되지 않는다. 수학은 철저히 몸으로 부딪쳐 익혀야 하는 과목이다.

선행 학습이 오히려 수학 공부를 망친다

학원을 다니고 있다면 선행 학습을 피할 수 없다. 학원은 1년 정도는 선행이 아닌 예습이라며 1~2년은 선행해야 한다고 부모들을 겁준다.

하지만 선행을 꼭 해야 한다고 말하는 교육전문가는 없다. 오히려 지나친 선행은 아이를 망친다고 말한다. 도대체 누구의 말이 맞는지 부모의 입장에서는 혼란스럽다.

이런 혼란스러움을 느끼는 부모님들에게 현직 교사로서 해줄 수 있는 말은 '수학 선행은 어떤 아이에게는 약이 되지만, 어떤 아이에게는 독이 된다'는 것이다. 다른 말로 수학을 잘하는 아이에게는 선행이 도움이 되지만 그렇지 못한 아이에게는 오히려 방해가 된다는 뜻이다. 여기서 수학을 잘한다는 기준은 수학 점수가 반에서 3~4등 안에 드는 것을 말한다. 실제 아이들에게 물어본 결과도 이와 같았다.

만약 수학 선행을 하고자 한다면 상당한 주의가 필요하다. 특히 괜한 선행 학습은 아이에게 수학은 정말 어렵고 재미없는 과목이라는 인상만 각인시킬 우려가 있다. 자기 수준에 맞지 않는 내용을 배움으로써 가뜩이나 어려운 수학을 더욱 어렵게 배우게 되기 때문이다.

수학은 교육 과정이 개정될 때마다 내용과 구성이 상당히 달라진다.

이전에는 6학년 때 배우던 방정식, 함수, 거듭제곱이 중학교로 옮겨간 것이 한 예다. 이렇게 변화가 많은 것은 교육 과정이 바뀔 때마다 학생들의 어렵다는 하소연이 반영되기 때문이다. 아이들이 버거워하여 상위 학년으로 보낸 내용을 굳이 선행하여 수학은 어렵고 골치 아픈 과목이라는 인식을 부추길 필요가 있는지 다시 한번 생각해 볼 일이다.

또한 선행은 자칫 아이에게 수학에 대한 잘못된 공부 습관을 가지게 한다. 아이는 어른과 대비되는 현저한 특징이 있는데 바로 암기력이다. 어른들은 많이 외우지도 못하지만 외워도 금세 까먹는다. 하지만 아이들은 많은 양도 순식간에 외워 버린다. 이 놀라운 암기력이 때로는 방해 요인으로 작용하기도 한다. 아이들은 습성상 자기 수준보다 어려운 내용이 등장하면 이해하려고 하기보다 자신의 왕성한 암기력을 이용해서 통째로 외우려고 한다. 그래서 수학을 선행할 경우, 수학이 영어나 사회 과목처럼 암기 과목으로 전락할 우려가 있다. 수학을 암기하는 잘못된 공부 습관은 실력 향상에 크나큰 걸림돌이 된다.

선행의 가장 큰 폐해임에도 부모들이 쉽게 간과하는 사실은 바로 아이가 학교 수업에 무관심해진다는 것이다. 수학은 과목 특성상 결과를 알면 더 이상 과정에 주목하지 않게 된다.

예를 들어 5학년 수학에 직사각형의 넓이 구하기가 나오는데 학원에서 선행으로 '직사각형의 넓이 = 가로×세로'라는 공식을 배운 아이는 학교에서 선생님이 아무리 그 공식의 도출 과정을 설명해도 좀처럼 들으려 하지 않는다. 이미 결과를 알고 있기 때문에 그 과정 이해가 귀찮게만 느껴지는 것이다. 공식은 위대한 수학자들이 결과를 편하게 산출할 수 있도록 만들어 낸 편법에 불과하다. 공식 자체는 수학적 사고력이나 수학 실력을 높여 주지 않는다. 수학에서 공식이 유도된 과정을 중요하게 여기는 것도 이 때문이다.

하지만 사람은 편리함을 추구하는 특성을 지녔기 때문에, 공식이라는 결과를 이미 안 이상 그 과정에 귀 기울일 필요성을 느끼지 못한다. 따라서 아이는 학교 수업에 무관심해지고 딴청을 피우게 된다. 학원에서 공식 도출 과정까지 충분히 배웠다면 다행이지만 그러지 못했을 경우 심각한 문제를 초래할 수 있다.

문해력이 요구되는 수학

앞서도 설명했지만 수학을 잘하기 위해서는 독서를 게을리해서는 안 된다. 최근 수학 문제의 대부분이 긴 서술형 형식인 데다 앞으로 더욱 심화될 것이기 때문이다.

"선생님, 저는 이런 문제를 보면 머릿속이 온통 뒤죽박죽이 되는 기분이에요."

수학을 어려워하던 5학년 한 남자아이가 긴 서술형 문제를 보면서 한 말인데 아직도 잊혀지지 않는다. 아이들은 서술형 문제를 보면서 정도의 차이가 있을 뿐 대부분 이 아이와 비슷한 감정을 토로하곤 한다.

대학수학능력시험의 수학 시험지를 한 번이라도 본 사람들은 그 문제 길이에 입을 다물지 못한다. 문제를 읽느라 풀 시간조차 없다. 풍부한 독서가 뒷받침되지 않는다면 이후 수학 공부는 물 건너간다. 따라서 지금 당장은 불안하겠지만, 하루에 30분씩 독서 시간을 확보해 두는 것이 좋다. 이것이 장기적으로 아이의 우수한 수학 성적의 초석이 됨을 명심하길 바란다.

수학 공부,
이렇게 하면 잘할 수 있다

반드시 알아야 할 수학 개념

수학을 잘하려면 개념, 원리에 충실해야 한다는 사실은 누구나 아는 상식이다. 개정을 거듭하며 과거에 비해 전체적인 난이도는 낮아졌지만, 학년 및 단원 간 위계성과 연계성은 강화됐다. 개념 이해를 바탕으로 기초를 닦는 것이 더욱 중요해졌다. 그만큼 개념 공부에 힘을 쏟아야 한다. 문제는 가르치는 사람 역시 개념에 대해 충실히 배우지 못했다는 사실이다. 그러니 개념을 충실히 가르치기 어렵다.

따라서 자녀의 수학 공부를 지도할 때는 항상 제대로 된 개념에 입각해서 가르치고 있는지를 유념해야 한다. 개념을 등한시할 경우 수학 공부는 단순 문제 풀이로 전락하기 쉽다. 이럴 경우 수학의 궁극적인 목적인 수학적 사고력의 함양을 기대할 수 없다.

예를 들어 5학년 아이들에게 $\frac{2}{3} \times \frac{1}{5}$ 의 정답을 물으면 모두 $\frac{2}{15}$ 라고 자신 있게 답한다. 왜 이런 정답이 나왔냐고 물으면 하나같이 "분모는 분모끼리 곱하고 분자는 분자끼리 곱하니까요."라고 대답한다. 하지만 여기서 한 단계 더 나아가서 "왜 분모는 분모끼리 곱하고 분자는 분자끼리 곱하니?"라고 물으면 꿀 먹은 벙어리가 되곤 한다. 왜 이런 현상이 생길까? $\frac{2}{3} \times \frac{1}{5}$ 의 개념을 모르기 때문이다.

분모는 분모끼리 분자는 분자끼리 곱해서 $\frac{2}{15}$ 라는 결과를 얻는 수준은 2학년 아이들에게 가르쳐도 할 수 있다. 2학년도 구구단은 할 줄 알기 때문이다.

적어도 5학년이라면 $\frac{2}{3} \times \frac{1}{5}$ 이라는 문제를 다음처럼 분수와 곱하기의 정확한 개념에 입각해서 그림을 그려 가며 설명할 줄 알아야 한다.

먼저 $\frac{2}{3} \times \frac{1}{5}$ 의 의미는 $\frac{2}{3}$ 의 $\frac{1}{5}$ 배를 묻고 있는 것으로 해석할 수 있다. 따라서 다음과 같이 설명할 수 있다.

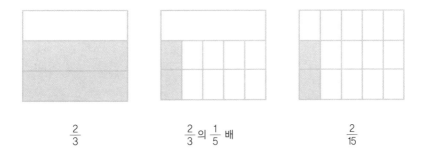

$$\frac{2}{3} \qquad \frac{2}{3} 의 \frac{1}{5} 배 \qquad \frac{2}{15}$$

$\frac{2}{3}$ 의 $\frac{1}{5}$ 배 그림은 그림과 같으므로 $\frac{2}{3} \times \frac{1}{5} = \frac{2}{15}$ 가 됨을 직관적으로 알 수 있다.

어떤가? 이 글을 읽고 있는 부모조차도 $\frac{2}{3} \times \frac{1}{5}$ 이 이런 과정을 거쳐 $\frac{2}{15}$ 가 된다는 사실을 몰랐을 수도 있다. 하물며 5학년 중에 이렇게 설명할 수 있는 아이는 거의 찾아보기 힘들다. 개념과 원리가 아닌 연산 위주로 배웠기 때문이다. 이렇게 배워서는 수학적 사고력과 실력을 키울 수 없다.

수학은 철저하게 개념과 원리를 이해해야 재미를 느낄 수 있으며 나중에 중·고등 수학도 잘할 수 있다. 따라서 아이의 수학 공부를 봐주고 있는 부모라면 먼저 수학의 개념, 원리를 공부한 후 가르치기를 당부한다. 5학년에서 반드시 알고 넘어가야 할 수학 개념들은 다음과 같다.

5학년 필수 수학 개념

익혀야 할 개념	유의점
약수와 배수, 공약수와 공배수, 최대공약수와 최소공배수, 약분과 통분	용어의 개념을 완벽하게 이해한 뒤, 반드시 외워야 한다. 또한 이 개념들이 왜 필요하고 어디에 쓰이는지를 알아야 한다.
분수의 덧셈, 뺄셈, 곱셈, 나눗셈	계산 원리를 결과 중심이 아닌 왜 그런 결과가 나왔는지 과정을 알아야 한다. 개념과 원리를 알았다면 연산의 숙달 과정이 필요하다.
넓이 단위(cm^2, m^2, km^2)	$1cm^2$, $1m^2$, $1km^2$의 상호 관계를 이해해야 한다. 단위는 단위에 대한 감각이 중요하므로 책으로만 공부하는 것보다는 현실 속에서 어느 정도 크기인지를 아는 것이 중요하다.

이상, 이하, 초과, 미만, 올림, 버림, 반올림	수의 범위를 나타내는 말의 정확한 개념을 이해하고 사용할 수 있어야 한다.
평균, 가능성	평균의 의미를 알고 평균값을 구할 수 있어야 하며, 가능성을 통해 확률 개념의 기초를 다지는 것이 좋다.
합동, 선대칭 도형, 점대칭 도형	용어의 정의에 대해서는 영어 단어 외우듯이 암기해야 한다. 설명을 해가면서 그리는 연습을 많이 시켜 보면 좋다.
직육면체	6학년에서 배우게 되는 공간 도형의 가장 기본이 되는 개념이므로 정확히 이해해야 하고 전개도를 그려 가면서 많이 만들어 보는 것이 좋다.

기초 연산을 잡는 마지막 기회

5학년이 되어서도 곱셈이나 나눗셈 등에 취약한 아이들이 있다. 이런 아이들치고 수학을 잘하고 좋아하는 경우는 드물다. 초등 수학을 잘한다는 것은 연산을 잘한다는 의미와 같다. 초등 수학에서 연산이 차지하는 비중이 대단히 크기 때문이다. 초등 수학의 5개 영역(수와 연산, 도형, 측정, 규칙성, 자료와 가능성) 가운데 수와 연산 영역이 차지하는 비율은 50% 이상이다. 게다가 도형과 측정 영역에서 주로 연산이 많이 활용되기 때문에 초등 수학에서 연산이 차지하는 비율은 80% 정도라고 해도 무방하다. 이런 이유 때문에 연산만 잘해도 수학에서 80점 정도는 받을 수 있다.

만약 자녀가 5학년인데 기본 사칙연산에서 자꾸 실수하고 어려워한다면 연산 훈련부터 할 것을 권한다. 연산을 대수롭지 않게 생각하는 부모도 있는데 그렇게 생각해서는 안 된다. 왜냐하면 자신감과 직결되기 때문이다. 아이는 단순해서 자신이 남보다 연산이 빠르고 정확하면 수학을 잘한다고 생각한다. 그리고 이것은 수학에 대한 자신감으로 이어져 중·고등 수학 성적에까지 영향을 미친다.

또한 수학 시험은 시간과의 전쟁이다. 저학년 때는 10분만 지나도 시험지 안 걷어 가냐고 극성이지만, 고학년이 되면 시험 시간이 끝나도 1분만 더 달라고 난리다. 이것은 비단 문제가 어려워졌기 때문만이 아니다. 고학년으로 갈수록 연산이 복잡해져서 많은 시간이 소요되기 때문이다. 다음은 1학년과 5학년 연산 문제를 비교해 놓은 것이다.

1학년 수학 연산 문제	5학년 수학 연산 문제
다음 중 계산한 결과가 가장 작은 것은 어느 것입니까?( )	다음 중 계산한 결과가 가장 작은 것은 어느 것입니까?( )
① 23+52	① $\dfrac{3}{4}+3\dfrac{2}{3}$
② 45-34	② $\dfrac{7}{4}+\dfrac{3}{2}$
③ 31+33	③ $1\dfrac{3}{4}+2\dfrac{2}{3}$
④ 24+32	④ $5\dfrac{3}{4}+\dfrac{2}{3}$
⑤ 47-35	⑤ $\dfrac{5}{2}+\dfrac{2}{3}$

위 문제만 봐도 차이점을 확실히 알 수 있다. 얼핏 보아서는 비슷한 문

제 같아 보이지만 실상은 그렇지 않다. 1학년 연산 문제는 별로 복잡하지 않다. 하지만 5학년 연산 문제는 정답을 얻기까지 연산을 몇 번 해야 하는지 셀 수도 없다. 연산이 익숙하지 않은 아이들은 이 한 문제 푸는 데 5분도 더 걸린다. 이런 이유 때문에 고학년이 되면 시험 시간이 모자라다고 아우성인 것이다. 이런 현상은 중·고등학교에 가면 더욱 심해진다. 학년이 올라갈수록 연산 실력은 더욱 중요해진다.

아이의 연산 능력이 뒤처진다고 해서 무리하게 공부시킬 필요는 없다. 연산 문제집을 구입해서 하루에 한 장이라도 기록을 재가며 서너 달 연습하면 연산 실력이 눈에 띄게 좋아진다. 한 장 푸는 데 보통 10분 정도밖에 걸리지 않기 때문에 아이도 부담 없이 꾸준히 할 수 있다. 매일 하는 것이 어렵다면, 수학 공부를 하기 전 기본 워밍업으로 연산 문제집을 한 장씩 푸는 것도 좋다. 연산 실력뿐 아니라 집중력과 학습 효율이 올라간다.

5학년은 자연수, 분수, 소수의 사칙연산이 완성되는 시기다. 연산 훈련이 충분히 숙달될 수 있도록 관심을 기울여야 한다. 이렇게 쌓인 탄탄한 연산 실력은 고등 수학의 밑거름이 된다.

문제 유형을 정복하는 문제집 사용법

수학을 잘하는 또 하나의 방법은 바로 다양한 문제를 많이 풀어 보는 것이다. 똑같은 유형의 문제보다 다양한 유형의 문제를 풀어 보는 것이 실력 향상에 도움이 된다. 그래서 대부분 수학은 문제집으로 공부한다. 이때 유의해야 할 것이 있다.

교과서만큼 쉽고 자세한 문제집은 없다

간혹 무조건 문제집만 파고드는 아이들이 있는데 이는 대단히 잘못된 공부 방식이다. 모든 문제집은 교과서를 근간으로 한다. 따라서 교과서를 건너뛰고 문제집으로 공부하는 것은 건물 설계도도 보지 않고 망치질하는 것과 똑같다. 수학 실력이 부족한 아이일수록 문제집보다는 교과서로 공부하는 것이 좋다. 개념과 원리를 중심으로 자세하게 익힐 수 있다.

『수학 익힘』 부교재는 최적의 학습서다. 주로 숙제 용도로 활용되는데, 교과서와 같은 순서로 구성되어 있기 때문에 잘 모르는 부분은 교과서의 해당 페이지를 찾아 공부한 후 풀면 된다.

교과서 수준이 버거워 문제집을 본다는 아이들도 있는데, 현실적으로 교과서보다 쉽고 자세한 문제집은 없다. 수학이 약하다면 문제집보다는 교과서를 다시 한번 풀어 보거나 아예 교과서를 한 권 더 구입해서 복습하는 것이 수학 공부에 더 도움이 된다.

70점 받는 문제집을 구매한다

어떤 부모님들은 아이 수준에 턱없이 어려운 문제집을 구매한다. 높은 수준의 문제로 공부해야 실력이 늘 것 같은 마음은 이해하지만 결과는 정

반대다.

아무리 인기 있고 유명한 문제집이라도, 또 아이의 주변 친구들이 모두 갖고 있는 문제집이라도 아이한테 맞지 않으면 아무 소용없다. 한 쪽을 풀어 70점 정도 받는 문제집이 아이에게 적합하다.

너무 쉽거나 어려우면 실력 향상에 아무런 도움을 주지 못한다. 하지만 보조 교재 차원에서 난이도 높은 문제집을 구입하여 하루에 세 문제씩 푸는 것은 좋은 방법이다. 이때 적정 난이도는 5분 정도 고민해서 풀 수 있는 정도다. 어려운 수학 문제를 풀기 위해 애쓰는 과정에서 자신도 모르게 실력이 향상된다.

매일 조금씩, 정해진 시간에 공부한다

수학은 한꺼번에 몰아서 하는 것보다 하루에 조금씩이라도 꾸준히 공부하는 게 좋다. 수학의 감을 유지해 주기 때문이다. 매일 조금씩 풀되 끝내는 시간을 정해 두자. 문제집 2장을 집중해서 푸는 데 평균 20분이 걸린다면 시작해서 마치는 시간을 20분으로 제한하는 것이다. 이런 식으로 연습하면 집중력이 향상되고 시험 때 시간에 쫓기지 않게 된다.

문제집을 푼 후 반드시 채점한다

채점은 경우에 따라서 아이가 직접 할 수도 있지만 가급적 부모님이 해주는 것이 아이 상태를 점검할 수 있어 좋다. 그리고 틀린 문제는 바로 답을 알려 주지 말고 다시 한번 풀어 보게 한다. 만약 그래도 풀지 못한다면 부모님이 도와준다. 그런데 5학년 수학은 부모님이 봐도 어려운 문제가 많다. 정답 풀이를 봐도 모를 경우 솔직히 모른다고 말하고 선생님에게 물어보도록 한다.

틀린 문제 또 틀리지 않는 방법

수학의 묘한 특징 중 하나가 틀린 문제는 반드시 또 틀린다는 것이다. 이는 노래를 부를 때 자신이 매번 잘못 부르는 부분은 아무리 신경 써도 틀리는 것과 비슷하다. 문제는 또 틀렸다는 사실보다 그러한 문제를 만났을 때 느끼는 심리적 불안감이다. 시험에 자신이 잘 못하는 문제가 나왔다는 것을 안 순간 아이는 초조하고 불안해진다. 자신이 알고 있는 다른 문제까지 틀리기 쉽다. 더욱이 그 문제를 실제로 못 풀었을 경우, 내내 그 문제가 신경 쓰여 다른 문제에 집중하지 못한다. 마치 도미노처럼 한 문제가 흔들리면서 다른 문제까지 위태로워지는 것이다.

따라서 틀린 문제는 반드시 별도로 관리하여 완벽하게 익힐 수 있도록 지도해야 한다. 효과적인 방법으로 오답 공책 만들기가 있다. 간혹 틀린 문제를 모두 옮겨 적는 아이가 있는데, 이는 시간도 많이 걸릴뿐더러 복잡한 그림이나 수식을 옮겨 적는 게 보통 일이 아니다. 문제집의 문제를 공책에 오려 붙일 것을 권한다.

오답 공책도 자꾸 만들어 봐야 자기만의 노하우가 쌓여 공부하는 데 도움이 된다. 핵심은 틀린 문제를 무작정 옮기는 것이 아니라 왜 틀렸는지를 분석하는 것이다. 만약 단순 연산 실수가 많다면 오답 공책을 만들기보다 연산 훈련을 하는 것이 올바른 해결책이다. 오답 공책은 단순 실수나 연산 실수보다는 유형이 낯설어 틀린 문제를 익히는 데 도움 되기 때문이다. 사람의 습성상 아무리 어려운 문제도 익숙해지면 쉽게 느껴진다. 하지만 쉬운 문제도 처음 접하면 어렵게 느껴진다. 오답 공책을 통해 새롭고 익숙하지 않은 유형의 문제를 중점적으로 관리하면 많은 도움이 된다.

하지만 오답 공책은 자칫 실패할 확률이 높다. 오답 공책을 만드는 일 자체가 번거롭기 때문이다. 이를 방지하기 위해 문제집 자체를 오답 공책으로 만드는 것도 좋은 방법이다.

예를 들어 틀린 문제나 다음에 다시 꼭 확인해야 할 문제에 별표를 하거나 포스트잇을 붙이는 것이다. 이때 중요도에 따라 별표 숫자를 달리하는 등 구분 지어 놓으면 좋다. 시험 전에 이 부분만 살펴봐도 충분히 학습 효과를 볼 수 있고 오답 공책을 만드는 수고도 덜 수 있다.

개념이 저절로 잡히는 수학 일기

모르는 것을 아는 척 말할 수는 있어도 쓰기는 어렵다. 자신이 완전히 이해하고 아는 것만 적을 수 있다. 이런 쓰기의 장점을 수학 공부에 활용하면 수학 실력 향상에 많은 도움을 받을 수 있다. 바로 수학 일기 쓰기다.

계목

분수의 덧셈

오늘 3교시 수학 시간에 지난 시간에 이어 분모의 크기가 다른 분수의 덧셈을 배웠다. 선생님이 분모의 크기가 다른 분수의 덧셈 원리는 '통분을 한 후 분자끼리 더하고 결과가 가분수이면 대분수로 고친다'라고 정리를 해주셨다.

(예) $\dfrac{3}{4} + \dfrac{7}{10} = \dfrac{30}{40} + \dfrac{28}{40} = \dfrac{58}{40} = 1\dfrac{18}{40} = 1\dfrac{9}{20}$

지난 시간에 배운 내용과 비슷해서 크게 어려운 것은 없었다. 다만 계산이 좀 더 복잡해져서 귀찮긴 하다. 다음 시간에는 대분수끼리 덧셈에 대해 배운다고 했다. 계산이 더 복잡해질 것 같다.

이 일기는 5학년 한 여자아이가 분수의 덧셈을 배우고 난 후 적은 수학 일기이다. 수학 일기는 일반 일기와 다르게 느낌이나 생각보다는 수업 시간에 배운 수학의 개념, 원리 등을 집중해서 쓰면 된다. 자신이 무엇을 알고 무엇을 모르는지를 정확하게 알 수 있어 좋다. 쓰면서 이해가 가지 않는 부분은 교과서 내용을 다시 한번 확인하게 되어 자연스럽게 복습이 이루어진다. 이뿐만 아니라 수학 일기를 쓰기 위해서라도 수업 시간에 집중하기 때문에 수업 태도도 좋아진다. 매일은 아니더라도 일주일에 한두 번 정도 적다 보면 수학 실력이 몰라보게 좋아질 것이다.

그래도 이해를 못 한다면 조작 체험이 필요하다

5학년은 형식적 조작기의 아이들과 구체적 조작기의 아이들이 혼재되어 있는 시기다. 어른 수준의 이해력을 갖춘 아이가 있는가 하면 아직도 어린아이 수준에 머물러 있는 아이가 있다. 여기서 말하는 어른 수준의 이해력이란 구체적인 조작이나 체험 없이 말로만 설명해도 이해하는 수준을 말한다. 예를 들어 5학년에 등장하는 직육면체를 말로만 설명해도 이해하는 아이가 있는 반면 직접 보여 주지 않으면 이해하지 못하는 아이도 있다. 하지만 분명한 것은 조작 체험을 동반하면 훨씬 빨리 이해하고 재미있어한다는 사실이다. 머리로만 하는 학습보다 조작 체험 학습을 강조하는 것도 이 때문이다.

수학 중에 특히 조작 체험이 강조되는 영역이 있다. 바로 도형 영역으로, 직접 그리거나 만들어 보는 활동으로 개념 이해를 도울 수 있다. 이런 구체적 조작을 많이 해본 아이들은 추상적 사고력도 뛰어나다.

다음은 5학년 수학 중 구체적 조작이 필요한 영역이다.

구체적 조작 활동이 필요한 영역

구체적 조작 활동이 필요한 영역	내용 및 주의점
여러 가지 단위	초등학교에서 배우는 측정 내용에서 가장 중요한 것은 측정 단위의 이해다. 1학년 때는 시간에 대한 단위인 시간과 분, 2학년 때는 길이의 단위인 m와 cm, 3학년 때는 무게의 단위인 kg과 g을 배운다.

여러 가지 단위	5학년 때는 넓이의 단위인 cm², m², km² 등을 배운다. 책으로만 단위를 배울 경우 개념 형성이 잘 안 되고 단위 넓이 간 비교도 쉽지 않다. 넓은 공터에서 실제로 그려 보는 등 몸으로 단위 개념을 익힐 수 있도록 해야 한다.
직육면체	반드시 직육면체의 다양한 전개도를 그려서 만들어 봐야 한다. 아이의 조작 수준에 따라 한 개 만드는 데 걸리는 시간은 천차만별이다. 어떤 아이는 30분 이상 걸릴 수도 있지만, 반드시 다섯 개 이상은 만들어 봐야 한다. 이 직육면체를 잘 이해해야 6학년 때 배우는 공간 도형(각기둥과 각뿔) 개념을 잘 이해할 수 있다.
도형의 대칭	도형의 대칭은 선대칭과 점대칭이 있는데, 모든 아이가 어려워하는 개념이다. 정확한 개념 이해를 위해서라도 많이 작도해 보고 오려 봐야 한다. 선대칭 도형은 색종이를 접어 그려 보고, 점대칭 도형은 모눈종이를 이용하여 그려 보도록 한다.

5장

5학년 사회, 무엇이 어려워질까?

5000년 역사와 어려운 어휘까지, 효과적인 암기법을 익혀야 한다

사회를 공부하는
이유

왜 사회를 배우는 것일까

　사회를 가르치는 목적은 '민주 시민으로서 올바른 자질을 갖추도록 해주기' 위해서다. 여기서 말하는 민주 시민이란 사회생활을 영위하는 데 필요한 지식을 바탕으로 인권 존중, 관용과 타협, 사회 정의, 공동체 의식, 책임 의식 등 민주적 가치와 태도를 함양하고, 나아가 개인적·사회적 문제를 합리적으로 해결하는 능력을 길러 개인의 발전은 물론, 사회, 국가, 인류의 발전에 기여할 수 있는 자질을 갖춘 사람이다.

　즉 사회는 궁극적으로 사람이 공동체 속에서 긍정적인 영향을 발휘하며 살아갈 수 있도록 해주는 과목이다. 그러나 안타깝게도 우리의 관심은 그중 아주 극히 일부분인, '사회생활을 영위하는 데 필요한 지식 습득'에만 집중되어 있다. 이로 인해 사회는 암기 과목이란 누명 아래 시험에서 만점 받는 것과 올바른 민주 시민이 되는 것은 전혀 별개의 문제가 되어 버렸다.

만약 학교에서 '환경 오염의 원인과 해결 방안'이란 주제로 조사 학습 과제를 내주었다 하자. 이 과제를 낸 목적은 단순히 문제의 정답 찾기보다는 이를 통해 사회적 문제를 바라보는 시선을 기르고 합리적으로 해결하는 능력을 키워 주기 위해서다. 그런데 엄마가 힘들어하는 아이를 대신해서 자료를 찾아 정리해 주거나, 인터넷 검색으로 누군가의 글을 베껴 적으면 어떻게 되겠는가? 당연히 제대로 된 학습을 했다고 말할 수 없다.

사회 과목에 대한 잘못된 편견

사회는 국어, 영어처럼 여자아이들의 사랑을 받는 것도 아니요, 수학, 과학처럼 마니아층이나 광적인 팬이 존재하는 것도 아니다. 사회는 아이들이 어려워하고 기피하는 대표 과목 중 하나다. 교사 역시 가장 가르치기 난해한 과목으로 사회를 꼽는다.

사회가 학생이나 교사의 외면을 받는 이유는 사회 과목에 대한 편견 때문이다. '사회는 어렵다'는 편견이 대표적이다. 공부량이 너무 방대한 탓에 생긴 편견이다. 일부 그런 면도 있지만, 이는 사회 공부를 지엽적인 지식에만 매달려 하기 때문이다. 즉 지식의 체계를 정확히 잡고 몸통에 해당하는 핵심 개념들을 익힌 후 지엽적인 지식을 접해야 하는데, 거꾸로 말단 지식에 매달리다 보니 이런 현상이 생기는 것이다. 이것은 가르치는 사람의 잘못이 크다. 가르치는 사람이 사회 과목에 대한 전반적인 지식과 개념을 꿰뚫어 보는 통찰력을 갖고 있어야 하는데 그렇지 못하기 때문이다.

특히 5학년은 우리나라의 역사를 배우는데, 전반적인 역사 흐름은 등한시한 채 단편적인 역사적 사실을 외우기 바쁜 것이 우리 현실이다. 그러다 보니 역사는 외울 것 천지에 골치 아픈 과목으로 전락해 버리기 쉽다. 아이가 방대한 학습량으로 역사에 대한 흥미를 잃지 않도록 주의를 기울여야 한다. 역사 공부에서 제일 중요한 것은 흐름 파악이다. 단편적인 역사 사건들을 암기하려고 노력하기보다 전체 흐름을 보도록 도와줘야 한다.

사회에 대한 또 다른 편견은 굉장히 따분한 과목이라는 것이다. 이것은 많은 아이가 사회를 암기 과목으로 대하기 때문이다. 사회가 다른 과목에 비해 암기량이 많은 것은 사실이지만, 암기만을 강조하면 흥미를 잃어버리게 된다. 이 역시 가르치는 사람이 지식 학습만을 강조한 결과다. 오히려 사회는 다른 과목에 비해 체험 학습, 극화 학습, 시청각 학습, 토의 학습 등 아주 다양한 방식으로 재미있게 배울 수 있다.

사회를 좋아하고 잘하기 위해서는 사회 과목에 대한 편견에서 벗어나야 한다.

5학년 사회의
특징

먼저 사회 교과 내용을 큰 영역으로 나누어서 살펴보도록 하자. 이를 통해 교과서를 보는 안목을 높일 수 있다. 사회에서 배우는 지식 영역의 내용은 '지리 영역, 역사 영역, 일반 사회 영역', 이렇게 세 가지로 나뉜다. 이를 학년별로 간략히 소개하면 다음과 같다.

학년별 사회 교과 내용

	역사	지리	일반 사회
3학년	• 우리 고장의 모습과 고장 이야기 • 환경과 시대에 따른 삶의 모습	• 교통과 통신 수단의 변화 • 가족의 모습과 역할 변화	
4학년	• 지역의 위치와 특성 및 역사 • 촌락과 도시의 생활 모습	• 지역의 공공 기관과 주민 참여 • 필요한 것의 생산과 교환	

5학년	• 옛사람들의 삶과 문화 • 사회의 새로운 변화와 오늘날의 우리	• 국토와 우리 생활	• 인권 존중과 정의로운 사회
6학년		• 세계의 여러 나라	• 우리나라의 정치 발전 • 우리나라의 경제 발전 • 통일 한국의 미래와 지구촌의 평화

3, 4학년은 영역 구분 없이 통합 단원으로 구성되어 있는 게 큰 특징이다. 반면에 5, 6학년은 단원의 영역이 명확하게 구분되어 있다.

초등 사회 교과서는 크게 두 가지 원칙으로 구성되어 있다. 바로 아이가 친숙하게 배울 수 있도록 가까운 공간에서부터 시작하여 조금씩 먼 거리의 공간을 다루는 것이 그 첫 번째다. 1, 2학년 때는 극히 제한된 공간, 즉 자기가 속한 집, 학교, 우리 동네에 해당하는 범위의 환경에 대해 배운다. 3학년 때는 구, 군 단위의 고장으로 공간 영역이 넓어진다. 4학년 때는 자기가 사는 시도, 5학년 때는 우리나라, 마침내 6학년 때는 지구촌으로 공간이 확대된다. 이는 학습자의 발달과 사회적 경험, 기능 등을 고려한 구성이라 할 수 있다. 따라서 이를 참고하여 체험 학습 장소를 정하면 효과적이다.

또 하나는 '나선형의 원칙'이다. 내용을 나선형으로 조직하고 구성하여 체계화했다. 즉 '단순한 것에서 복잡한 것', 그리고 '구체적인 것에서 추상적인 것' 순으로 배열되어 있다. 나선형 교육 과정은 수학처럼 지식 체계가 명확한 교과 내용을 조직하는 데 주로 사용된다.

경제 영역을 예로 들면 4학년 때는 단순하며 구체적인 나의 용돈이나 가계부에 대해 배운다. 그리고 6학년이 되면 보다 복잡하고 추상적인 우리나라의 수출입과 관련된 무역 관계에 대해 배운다. 이렇게 내용을 나선형으로 조직하는 이유는 순차적이고 체계적으로 익힐 수 있도록 하기 위해서다. 이런 나선형 교육 과정에서는 하위 개념을 모르면 상위 개념을 이해할 수 없다는 특성이 있다.

교과서를 버리는 부모

한번은 아이들에게 『사회과 부도』를 가져오라고 한 적이 있었다. 그런데 안 가져온 아이가 있어 물었더니 엄마가 4학년 교과서를 버리면서 같이 버렸다는 것이었다.

일부 부모님은 어떻게 그런 일이 있을 수 있냐며 어처구니없어할지도 모르겠다. 『사회과 부도』가 6학년까지 사용된다는 것을 몰라서 벌어진 해프닝이다. 『사회과 부도』는 4~6학년 학습 활동에 필요한 보조 자료와 지도를 제공한다. 사회 교과서에 실리지 않은 지도나 연표, 통계와 도표, 사진 등이 수록되어 있어 체험 학습 등을 갈 때 가지고 다니면서 참고하면 더욱 좋다.

사회 공부,
이렇게 하면 잘할 수 있다

최고의 암기량 사회, 단숨에 정복하는 법

앞에서 편견일 뿐이라고 말하기는 했지만, 사회는 대표적인 암기 과목이다. 그 양도 엄청나다. 따라서 사회 과목에서 좋은 점수를 받느냐 못받느냐의 여부는 얼마나 효과적으로 암기하느냐에 달려 있다.

효과적인 암기를 위해서는 우선순위를 정하는 게 중요하다. 방대한 양을 모두 외우기란 불가능하며 시간적으로도 많은 시간이 요구된다. 따라서 중요한 것부터 먼저 외운 후, 시간적 여유가 생겼을 때 상대적으로 덜 중요한 것을 외워야 한다. 같은 시간이 주어졌을 때, 범위 내 핵심만 추려 공부한 아이와 차례대로 공부하다가 일부분밖에 보지 못한 아이, 둘 중 어떤 아이의 성적이 좋을까? 당연히 전자 쪽일 것이다. 따라서 선생님이 수업 중 중요하다고 언급한 부분은 반드시 체크하여 외울 수 있도록 지도해야 한다.

이와 더불어 집에서 아이와 함께 교과서를 읽으며 중요한 내용을 짚어 내는 훈련을 하면 좋다. 이때 왜 이것이 중요하다고 생각하는지를 설명해 보도록 한다. 문해력을 잘 기른 아이들은 별 어려움 없이 해낸다. 반면에 그렇지 못한 아이들은 중요한 내용에 밑줄을 그으라고 하면 모든 문장에 줄을 친다. 이럴 경우 핵심 파악하기 연습과 함께 독서 습관을 길러 줘야 한다. 2장에서 소개한 효율적인 암기법은 사회 공부를 할 때 특히 유용하다.

어려운 어휘를 정복하는 용어집 만드는 법

아이들이 사회를 어려워하는 가장 큰 이유는 교과서를 읽어도 그 내용이 무슨 의미인지를 알지 못하기 때문이다. 다음은 5학년 2학기 사회 교과서에 나오는 내용이다.

임진왜란 즈음부터 조선의 지배층은 붕당을 이루어 정치를 이끌어 나갔다. 영조는 탕평책을 펼쳐 왕권을 강화하고 정치를 안정시키고자 했다. 영조는 세금을 줄이고 백성의 생활을 안정시켰다. 또 많은 책을 편찬해 학문과 제도를 정비했다.   _사회 5-2

몇 문장밖에 되지 않지만 이를 이해하기 위해서는 붕당, 탕평책, 왕권, 세금, 편찬, 정비와 같은 낱말의 뜻을 정확히 알아야 한다. 더욱이 붕당, 탕평책과 같은 낱말은 그 뜻뿐만 아니라 그 일이 왜 일어났고 어떻게 되었는지도 알아야 한다.

사회를 잘하기 위해서는 교과서에 끊임없이 등장하는 이런 학습 용어의 뜻을 정확히 알아야 한다. 용어를 알아야 무슨 말인지 이해할 수 있고, 이해해야 공부도 할 수 있다. 이를 위해 사회 용어집을 만들어서 활용하면 좋다. 수학 개념장과 비슷하다. 수학 개념장이란 주로 수학 용어의 뜻과 공식 등을 정리해 놓은 것인데, 사회 용어집도 이와 비슷하게 생각하면 된다.

공책을 한 권 준비해서 교과서에 모르는 단어가 나올 때마다 정리하면 아이만의 사회 용어집을 가질 수 있다. 보통 용어의 뜻은 교과서에서 소개하고 있기 때문에 이를 참조하면 된다. 만약 교과서에 나오지 않는 용어라면 사회 개념 사전 등을 찾아 정리하도록 한다.

사회 용어집을 만들 때 주의해야 할 사항은 자신의 언어로 표현해야 한다는 것이다. 예를 들어 교과서에서 헌법은 "법에는 헌법, 법률, 명령, 조례와 규칙 등이 있는데, 그중에 국가 최고의 법을 헌법이라 한다"라고 소개되어 있다. 이것을 무턱대고 사회 용어집에 정리해 놓고 외우려고 하면 쉽지 않다. 아이가 이해하기 쉽도록 재정리하는 것이 무엇보다 중요하다. 그래야 다음에 자신이 만든 사회 용어집으로 공부할 때 쉽게 이해하고 암기할 수 있다.

이렇게 만들어 놓은 용어집은 잠자리에 들기 전이나 쉬는 시간처럼 틈새 시간을 이용해 살펴보면 좋다. 어떤 용어에 대해 정확히 아는 것과 대충 아는 것은 이해의 폭과 깊이가 다르다.

저절로 외워지는 읽기법

사회 공부를 잘하는 아이들에게 그 비법을 물으면 사회 교과서를 많이 읽는다고 답한다. 너무 정석적인 답변 같지만, 실제 교과서를 많이 읽을수록 사회가 쉬워진다. 사회 교과서는 읽을거리가 풍성할 뿐 아니라 내용도 매우 알차다. 이를 반복해서 읽다 보면 교과 내용의 체계가 확립되고, 중요한 부분과 중요하지 않은 부분이 보이기 시작한다. 특별히 5학년 교과서는 사건의 인과 관계에 주목하면서 읽는 습관을 들이면 역사를 공부하는 데 많은 도움을 받을 수 있다.

하지만 교과서를 읽는 아이들은 매우 드물다. 수업 시간에도 본문을 전부 읽지 않는다. 중요한 내용만을 발췌해서 언급할 뿐이다. 사정이 이렇다 보니 전체적인 흐름이나 체계를 잡지 못하고 단편 지식만 습득하게 된다. 제대로 된 학습이 이루어지지 않으니 실력 향상은 꿈도 꿀 수 없다. 따라서 한 단원씩 정독하는 습관을 길러 줘 지식의 체계와 줄기를 잡을 수 있도록 도와야 한다. 특히 역사는 연표와 같은 자료를 활용해 주요 사건이나 인물, 문화재를 시간 순으로 정리해 공부하는 것이 좋다.

7번만 읽으면 누구나 책 한 권을 머리에 복사할 수 있다는 『7번 읽기 공부법』(야마구치 마유山口眞由 지음, 위즈덤하우스) 내용처럼 사회 교과서를 7번만 읽어 보라. 시험에서 좋은 결과를 얻을 수 있다.

어느 세월에 7번이나 읽느냐고 반문할 수도 있다. 7번 읽기가 복잡한 듯 보이지만 실은 크게 보면 3단계 읽기법이다. 1번째 읽기부터 3번째 읽기는 '훑어보기' 단계다. 말 그대로 책을 본격적으로 읽기 전에 책에 무슨 내용이 들어 있는지 훑어보는 단계다. 4번째 읽기부터 5번째 읽기는 '묵독(정독)' 단계다. 내용을 자세히 정독하며 이해하는 단계로 우리가 보통 책을 읽는다고 말하는 단계다. 6번째 읽기와 7번째 읽기는 '입력' 단계다. 책 내용 중에서 중요한 내용을 머릿속에 입력하고 제대로 입력되었는지를 확인하면서 읽는 단계라고 할 수 있다. 7번 읽기가 부담스럽다면 최소 3번 읽기(훑어보기 → 묵독 → 입력)라도 실천할 것을 권한다.

7번 읽기의 요령은 처음에는 가볍게 훑어보아 눈에 익힌 후 조금씩 자세히 읽는 것이다. 눈에 먼저 내용을 익힌 탓에 내용 이해가 쉽고 굳이 억지로 외우려하지 않아도 머릿속에 입력된다. 처음부터 읽고 외우려고 하면 힘들다. 이 방법을 활용해 교과서를 7번 읽는 것만으로도 충분히 우등생 반열에 들 수 있다.

읽기 단계		중요 내용	세부 내용
훑어보기	1번째 읽기	우선 전체를 훑어본다.	• 내용은 읽지 않고 전체를 훑어본다. • 속도감 있게 책장을 넘기며, 지그재그로 훑어보며 읽는다.
	2번째 읽기	확인하면서 단어를 골라낸다.	• 1번째 읽기와 비슷하지만 중요 그림이나 표 또는 숫자 등에 주의하며 훑는다.
	3번째 읽기	눈에 띄는 것을 가볍게 습득한다.	• 읽는 사람의 눈이 서치라이트에서 레이저 빔으로 바뀐다고 생각하고 좀 더 세세한 내용에 주의하며 훑어보기를 한다.
묵독	4번째 읽기	의미를 파악하며 읽는다.	• 문장의 의미를 이해하면서 읽되 리듬을 타면 더욱 좋다.
	5번째 읽기	이해도를 20%에서 80%로 높인다.	• 다음 부분을 예상하면서 읽는 단계로 책과 대화하는 듯한 느낌이 든다. • 4번째 읽기가 20% 정도 이해에 머물던 데서 80%까지 단숨에 증가한다.
입력	6번째 읽기	요약하여 머릿속에 입력한다.	• 책장을 넘기기 전에 읽은 페이지를 다시 한번 훑듯 읽으면서 중요 내용을 요약한다.
	7번째 읽기	요약한 것을 머릿속에서 떠올리면서 읽는다.	• 읽기 전에 페이지 단위로 요약한 중요 내용을 먼저 기억해 보고 요약이나 기억이 맞는지 확인하면서 읽는다.

5학년 역사를 공부하는 효과적인 방법

좋은 체험 학습 프로그램이 많다. 코로나19로 여러 제약이 생겼지만, 역사를 공부하는 데 이보다 좋은 방법은 없다. 특히 역사를 어려워하거나 재미없어하는 아이에게 추천한다.

체험 학습이란 사회 현상이 일어나고 있는 현장에서 견학, 면접, 조사, 관찰 등의 활동을 수행하는 학습 방법이다. 단 효과를 보기 위해서는 치밀한 계획이 수반되어야 한다. 이렇게 말하면 어려워 보이지만, 역사 현장을 직접 방문해 보거나 관련 장소에서 체험해 보며 즐기는 시간에 가깝다. 역사를 오감으로 생생하게 공부할 수 있다. 부모가 함께하면 더욱 좋겠지만 여건상 자녀와 같이 할 수 없을 경우 전문 업체 프로그램이나 캠프를 활용해도 좋다. 판문점을 방문해서 분단 상황을 직접 느껴 보고, 경주 박물관에서 신라 시대 유물을 눈으로 확인하는 사이 아이의 머릿속에서 그저 텍스트에 불과하던 교과서 속 역사가 생생하게 재현된다. 학습 효과가 높을 수밖에 없다.

똑같은 체험 학습이라도 어디를 가느냐에 따라 그 목표와 방법이 달라진다. 그리고 이를 분명히 인식해야 효과적인 체험 학습이 가능하다. 즉 가기 전에 목적과 그 목적에 따른 방법을 구체적으로 세우는 것이 중요하다.

창의력과 상상력을 키우는 박물관

박물관은 흔히 창의력과 상상력의 보물 창고라고 말한다. 박물관에 전시된 유물들은 과거의 산물이지만 관람자는 현재의 관점에서 그것을 보고 해석하기 때문이다. 따라서 박물관 견학은 단순한 지식 늘리기가 아니라, 창의력과 상상력을 키우는 데 주안점을 둬야 한다.

부모는 아이가 유물을 다양한 측면에서 볼 수 있도록 유도해야 한다. 예를 들어 신석기 시대를 대표하는 빗살무늬토기를 생각해 보자. 용도만 보고 '아, 그릇이구나.' 하고 넘어가는 것이 아니라 경제적·과학적 측면 등을 살펴볼 수 있다. "왜 저런 모양일까?" "저 무늬는 무슨 뜻일까?" 이런 식으로 생각을 유도해 빗살무늬토기의 뾰족한 모양은 보관물의 신선도와 정화 작용을 극대화한 것임을(과학적 시각), 빗살무늬토기에 새겨진 생선뼈무늬는 물고기나 햇살, 물결을 뜻함을(예술적 시각) 이야기 나눌 수 있다.

이처럼 하나의 유물도 어떤 관점에서 보느냐에 따라 다양한 정보를 얻을 수 있다. 이러한 활동은 아이의 사고력을 키워 주어 똑같은 상황 속에서도 더 많은 것을 보고 판단할 수 있게 해준다.

박물관을 갈 때 주의해야 할 점은 박물관 전시물을 다 보겠다는 생각을 버려야 한다는 것이다. 박물관 견학에서 중요한 것은 본 유물의 개수가 아니라 얼마나 다양한 시각에서 살펴보았느냐다. 이를 위해 박물관을 하루 만에 훑으려 하기보다 집중적으로 볼 곳을 정해 두면 좋다. 정확하고 많은 정보를 얻을 수 있도록 해설 도우미의 도움을 받는 것도 좋다.

초등학생에게 추천하는 박물관

분류	장소
과학관	국립중앙과학관, 국립어린이과학관, 서울특별시교육청 과학전시관, LG사이언스홀 서울, LG디스커버리랩 부산, 육영재단어린이회관
식물	서울식물원, 국립생태원, 창덕궁 후원, 국립 수목원, 국립 수목원 산림박물관, 한라수목원
화석과 광물	서대문자연사박물관, 강화은암자연사박물관, 경희대학교 자연사박물관, 이화여자대학교 자연사박물관, 한국지질자원연구원 지질박물관, 경보화석박물관, 제주특별자치도 민속자연사박물관, 보령석탄박물관, 태백석탄박물관
해양 생물	세계조개박물관, 제주특별자치도 민속자연사박물관, 국립해양박물관, 목포해양유물전시관
소리와 빛, 통신	참소리축음기 · 에디슨과학박물관, 한국등잔박물관, 국립국악원 국악박물관, 국립등대박물관, 충남전기통신박물관, 동신대학교 문화박물관, 한미사진미술관, 한국 통신 박물관, 제주신영영화박물관
전통 과학 기술	세종대왕기념관, 국립민속박물관, 청주고인쇄박물관, 삼성출판박물관
교통	철도박물관, 삼성화재교통박물관
일과 연모	농협농업박물관, 국립민속박물관, 은평역사한옥박물관, 온양민속박물관, 인제산촌민속박물관, 진주시 향토민속관, 한국스키박물관, 양구선사박물관, 전라남도 농업박물관

아는 만큼 보이는 역사 유적지

유적지 답사는 사전 준비가 어떤 체험 학습보다 중요하다. 아는 만큼 보이기 때문이다. 박물관 견학은 현장에서 얻을 수 있는 정보가 있지만, 역사 유적지 답사는 사전 준비가 없으면 그야말로 점만 찍고 오게 된다.

예를 들어 첨성대를 답사한다고 해보자. 만약 첨성대에 대한 사전 지식이 없으면 허허벌판에 덩그러니 서 있는 첨성대밖에는 볼 것이 없다. 어떤 배움도 얻을 수 없다. 따라서 역사 유적지를 답사하기 전에는 반드시 아이가 다양한 자료를 통하여 배경지식을 구축할 수 있도록 도와야 한다. 이것이 여의치 않다면 최소한 부모라도 배경지식을 갖고 있어 설명해 줄 수 있어야 한다. 아는 만큼 보이고 보이는 만큼 느낄 수 있으며 느낀 만큼 생각할 수 있는 게 유적지 답사이다.

더욱 효과적인 유적지 답사를 위해 사전에 답사 계획서를 작성하고 답사 후에 결과 보고서를 간단하게라도 작성해 보면 좋다.

다음 소개하는 계획서와 보고서 양식은 답사만이 아니라 견학, 체험 학습 등을 갈 때도 활용할 수 있다. 3학년 사회 과목에서 이미 계획서와 보고서 작성 요령을 배웠으므로 5학년 정도 되면 스스로 작성할 수 있어야 한다. 또한 평소 수행 평가로도 많이 다루어지므로 자주 작성해 보면서 익숙해지는 것이 여러모로 유익하다.

그럼에도 5학년 역사 공부를 힘들어한다면 다음 방법을 활용할 것을 권한다.

유적지 답사 계획서 샘플

답사 목적	
답사 장소	
답사 기간	
답사 내용	
답사 방법	
답사 참가자 각자 역할	
준비물	
주의할 점	

유적지 답사 보고서 샘플

답사 목적	
답사 장소	
답사 기간	
답사한 사람	
준비물	
답사 방법	
답사 내용	
새롭게 알게 된 점	
더 알고 싶은 점	
느낀 점	

이야기책 읽듯이 큰 흐름을 먼저 파악한다

반복적으로 말하지만 보통 세세한 역사 사건들을 이해하고 외우느라 전체를 보지 못하는 경우가 많다. 역사에서 중요한 것은 큰 흐름이다. 이를 먼저 파악한 후 세세한 내용들을 살펴보면서 살을 붙여 가야 한다. 모든 사건이 맞물려 있기 때문에 흐름만 파악하면 굳이 외우려 하지 않아도 이야기책처럼 술술 떠오른다. 이때 특별히 중요한 사건들은 그 원인과 결과에 보다 주의를 기울이도록 한다. 역사의 큰 흐름을 잡는 데는 역사 학습만화도 큰 도움이 될 수 있으니 적극 활용하면 좋다.

조금씩 확실하게 한다

어느 날 아이들에게 귀주대첩을 승리로 이끈 고려 장군의 이름을 묻는 문제를 내었다. 그랬더니 을지문덕, 양만춘, 서희 심지어 이순신 장군까지 아이들이 들어 본 모든 장군의 이름이 나왔다. 한꺼번에 너무 많은 양을 공부하다 보니 인물의 이름과 업적이 헷갈리는 것이다. 따라서 조금씩 완벽하게 공부할 수 있도록 도와야 한다.

이때 문제집을 통해 세부 내용을 확인하면서 공부하는 것이 좋다. 문제집에 수록된 기출 문제나 핵심 문제 등을 먼저 꼼꼼히 살펴보게 하자. 또한 사회 역시 수학처럼 한 번 틀린 것은 계속 틀리기 마련이다. 따라서 오답 공책을 만들어서 관리하거나 최소한 문제집에 표시를 해둬 시험 전에 체크할 수 있도록 해야 한다.

수학이나 과학 과목 전후에 공부한다

우리 뇌는 비슷한 정보가 계속 들어오면 서로 밀어내기 경쟁을 한다. 이렇게 정보 간에 간섭이 심해지면 기억하는 데 어려움을 겪게 된다. 이를 심리학에서는 '유사 억제'라고 한다. 즉 유사하거나 비슷한 정보들은 서로 뒤섞여 기억을 방해하는 것이다. 유사 억제를 막기 위해서는 이과 계열 과목(수학, 과학)과 문과 계열 과목(국어, 사회)을 교차해서 공부하는 것이 효과적이다.

교재를 단순화한다

역사는 암기할 내용이 많은 것이 사실이다. 이렇게 암기할 것이 많을 때에는 내용을 한곳에 정리하여 교재를 단순화하는 것이 중요하다. 공책이나 문제집, 교과서, 아무거나 좋다. 어느 한 가지를 선택해 자신의 주교재로 활용한다. 예를 들어 자신의 교과서를 주교재로 삼았다고 하자. 문제집을 풀 때 교과서에 없는 새로운 내용이 나왔다면 그 내용을 교과서에 첨가해 놓는다. 이렇게 흩어진 정보들을 한 권에 정리해 놓으면 이해도 잘 되고 전에 본 내용을 찾기 위해 허비하는 시간도 절약할 수 있다. 특히 시험 직전에 한 권만 보면 되니 학습 효율을 높일 수 있다.

선생님의 힌트를 놓치지 않는다

교사들은 대부분 시험 전에 시험에 나올 내용을 짚어 주거나 복습을 시켜 시험 공부에 힌트를 준다. 모든 아이가 바짝 집중할 것이라 생각하지만, 딴청 부리는 아이가 있다. 교사 입장에서 대단히 화나고 답답한 순간이라고 할 수 있다. 이때를 놓치면 곤란하다. 선생님의 한마디 한마디가 시험 문제가 될 수 있으니 주의를 기울여야 한다. 선생님이 평소에 나눠 준 인쇄물이나 시험지 등도 각별히 챙겨 보도록 해야 한다.

만화책, 역사 소설, 사극 등을 적극 활용한다

필자는 만화책은 별로 좋아하지 않지만, 역사 공부에서만큼은 만화책을 권하고 싶다. 만화를 통해 역사의 흥미를 가지고 쉽게 흐름을 파악할 수 있기 때문이다. 〈용선생 만화 한국사〉(정상민 외 지음, 뭉선생 외 그림, 사회평론), 〈설민석의 한국사 대모험〉(설민석, 스토리박스 지음, 정현희 그림, 아이휴먼), 〈설민석의 세계사 대모험〉(설민석, 김정욱 지음, 박성일 그림, 단꿈아이), 〈하룻밤에 읽는 만화 세계사〉(이여신 지음, 양창규 그림, 주니어랜덤), 〈업그레이드 먼나라 이웃나라〉(이원복 지음, 이원복 그림, 김영사)와 같은 역사 학습만화 시리즈를 통해 아이들의 배경지식을 늘려 주는 것도 좋은 방법이다.

역사 소설도 공부에 도움이 된다. 조정래의 『태백산맥』(해냄출판사)을 통해 우리나라 근현대사를, 김훈의 『칼의 노래』(문학동네)를 통해 임진왜란을, 『남한산성』(학고재)을 통해 병자호란의 치욕스러운 역사를 속속들이 알게 된다. 사극 역시 역사에 대한 관심을 유발하는 데 탁월한 효과가 있다. 하지만 사극은 역사적 사실을 각색하는 경우가 많다. 아이들이 어릴수록 역사적 사실과 드라마를 구분하지 못하는 경향이 심하다. 예전에 이런 경우도 보았다. 〈대조영〉이라는 사극이 한참 인기가 있을 때였다. 6학년 사회 시험 문제에 발해를 건국한 사람의 이름을 적으라고 했더니 어떤 아이가 최수종(극중 대조영 역)이라고 적은 것이 아닌가. 채점을 하면서 한참을 웃었다. 이처럼 아이들은 드라마와 현실을 동일시하는 경향이 있다. 따라서 사극을 통해 역사 공부를 시키고자 한다면 먼저 드라마와 관련된 역사적 사실을 제대로 알려 줘야 한다.

한국사능력검정시험에 도전한다

역사를 재미있어하거나 욕심이 많은 아이에게는 한국사능력검정시험에 도전해 볼 것을 권한다. 2006년부터 국사편찬위원회가 시행하고 있는 한국사능력검정시험에서는 역사 지식의 이해, 연대기 파악, 역사 상황과 쟁점의 인식, 역사 자료의 해석, 역사 탐구 등에 대한 객관식 50문제가 출제된다. 초등학생의 경우 기본 단계인 5급이나 6급에 응시하면 된다. 두 달에 한 번꼴로 실시하고 있으니 한번 도전해 보자. 역사 공부도하고, 아이에게 도전 의식과 목표 의식을 심어 주는 기회가 될 것이다.

6장

5학년 과학, 무엇이 어려워질까?

단순 암기보다 실험을 설계하고 이론을 도출해 내는 능력이 요구된다

과학을 공부하는
이유

과학 역시 사회처럼 암기 과목으로 치부하고 접근하는 경우가 많다. 초등 과학은 실험을 통해 개념, 원리를 이해하도록 구성되어 있는데, 대부분 실험과 실험 결과를 따로따로 받아들이기 때문이다. 그 결과 아이들에게 과학은 활동도 많고 외울 것도 많은 어려운 과목이 되었다. 중·고등학교에 가면 실험 실습마저 줄어 그나마 있던 재미 요소마저 없어지니 과학을 기피하는 아이들이 폭발적으로 늘어난다.

물론 다양한 실험 활동은 아이들이 과학을 좋아하는 이유다. 하지만 정작 왜 실험을 하는지 이유를 모르기 때문에 그저 외우기 바쁘다. 예를 들어 5학년 1학기 '용해와 용액' 단원에서는 물에 설탕, 소금, 베이킹 소다 등을 용해하는 실험을 한다. 이 실험에서 중요한 것은 설탕이 가장 잘 녹고 베이킹 소다가 가장 잘 안 녹는다는 실험 결과가 아니다. 용질의 종류마다 물에 용해되는 양이 다르다는 것을 알기 위한 실험이다. 그런데 현실은 실험 결과만을 중시하고 외워 시험 문제를 맞히는 것에만 초점이 맞춰져 있다.

이러한 공부는 실험을 결과 도출을 위한 도구로 인식하게 한다. 레시피대로 따라 하는 요리 실습과 별반 차이가 없다. 하지만 과학 실험의 궁극적인 목표는 결과보다 과정을 통한 탐구력 및 창의력의 향상이다.

일반적으로 '탐구'란 기존의 지식과 '탐구 과정(관찰, 분류, 측정, 예상, 추리 등의 활동으로 이루어지는 일련의 과정)'을 바탕으로 새로운 지식을 얻는 활동을 말한다. 그리고 탐구 과정을 통해 학생 스스로 새로운 지식을 얻거나 문제를 해결하는 활동을 '탐구 활동'이라 한다. 탐구 과정은 다시 '기초 탐구 과정'과 고차원적인 '통합 탐구 과정'으로 분류한다. 기초 탐구 과정에는 관찰, 분류, 측정, 예상, 추리 등이 있고, 통합 탐구 과정에는 문제 인식, 가설 설정, 변인 통제, 자료 변환, 자료 해석, 결론 도출, 일반화 등이 있다.

저학년 때는 주로 기초 탐구 과정으로 문제를 해결하지만 고학년이 되면 주로 통합 탐구 과정을 통해 문제를 해결한다. 교육 과정은 학년이 올라갈수록 고차원적인 탐구 능력을 키울 수 있도록 구성되어 있다. 과학 교과를 배우는 궁극적인 목적은 이런 탐구 능력 함양에 있음을 알아야 교과서의 체계가 보이기 시작한다.

예를 들어 3학년 과학에 등장하는 '자석 놀이'는 클립, 지우개, 연필, 구리선, 칼 등 우리 주변에서 흔히 볼 수 있는 물체들을 늘어놓고 자석에 붙는 물체와 붙지 않는 물체를 분류하는 활동이다.

이런 활동을 통하여 궁극적으로 아이들에게 가르치고자 하는 능력은 무엇일까? 자석에 붙는 물체와 붙지 않는 물체를 구분하는 능력일까? 피상적으로 보면 그렇게 오해할 수 있다. 하지만 자석 놀이를 통하여 아이들에게 키워 주고자 하는 것은 관찰, 분류, 예상, 추리와 같은 탐구 능력이다. 자석 놀이 과정을 살펴보면 이런 탐구 과정이 숨어 있는 것을 알 수 있다.

여러 물체를 살펴보고(관찰), 자석을 갖다 대본 후 붙는 물체와 붙지 않는 물체로 분리하고(분류), 자석에 잘 붙는 물체들을 관찰하여 공통된 특징을 밝혀낸다(예상, 추리).

하지만 이런 과정을 생각하며 공부하는 아이는 드물다. 탐구 과정보다 결과 위주의 암기가 좋은 점수를 받는 데 더 유리하기 때문이다. 성적 추구의 암기식 접근은 단시간 내 성적을 올려 주지만 중학 과학을 포기하게 되는 결정적 이유가 된다. 또한 과학 수업을 통해 키워야 하는 탐구력을 놓치게 된다. 탐구력은 비단 과학 공부에서만이 아니라 21세기형 인재에게 빠질 수 없는 자질 중 하나다. 잘못된 과학 학습으로 필요한 기본 자질마저 갖출 수 없게 되는 것이다.

5학년 과학의
특징

5학년은 인지 발달의 과도기

아이들의 발달 특성을 이해하면 보다 효과적인 학습 지도를 할 수 있다. 특히 5학년은 인지적 측면에서 중요한 전환기를 맞는 학년으로, 이를 고려해 학습시켜야 한다. 간혹 5학년이면 어른과 비슷한 이해력을 가졌다고 생각하여 말로만 설명하는 경우가 있다. 하지만 이것은 대단히 좋지 못한 교육 방법이다.

5학년의 인지 발달 특성을 설명하기 위해 피아제(Piaget, 스위스의 발달심리학자, 어린이의 학습에 대한 연구인 인지 발달 이론으로 유명하다.)의 인지 발달 이론 중 과학과 관련한 내용을 간략하게 소개하고자 한다.

피아제의 인지 발달 단계

단계	특성	발달 촉진 방법
감각 운동기 (0~2세)	• 감각과 근육 운동을 통한 지각, 적응	• 환경에 반응할 수 있는 기회 제공
전조작기 (2-7세)	• 상징과 언어의 사용 증가 • 제한된 논리 • 자기 중심적 견해	• 언어와 상징 사용
구체적 조작기 (7-11세)	• 알기 위해 보고, 느끼고, 냄새 맡고, 만들어 보려 함 • 가역적 사고 • 일부 분류 능력 형성 • 일부 보존 논리 형성 • 자기 중심성 탈피 및 사회화	• 직접 손으로 조작하는 활동 경험
형식적 조작기 (11세 이상)	• 추상적 사고	• 폭넓은 독서, 다양한 경험, 수준에 맞는 학습, 가설, 명제, 정의 등 추상적 사고를 돕는 학습과 적절한 운동

구체적 조작기의 아이들 특징은 보고, 듣고, 느끼고, 만지고, 맡고, 맛보는 등의 구체적 경험을 토대로 사고한다는 점이다. 또 이 시기의 아이들은 추상적으로 사고할 수 없으므로 추상적 개념에 대해서는 호기심을 가지지 않는다. 따라서 구체적 조작기에 있는 아이들에게는 반드시 구체적 자료를 사용한 실험이나 조작 활동을 시켜 주어야 한다.

하지만 형식적 조작기에 들어서면 구체적 실험이나 조작 활동 없이도 추론하고 사고할 수 있다. 초등 고학년이 되면 일부 아이들은 형식적 조작기에 들어서지만, 분명히 기억해야 할 것은 어디까지나 초기 형식적 조작기에 지나지 않는다는 사실이다. 그렇기 때문에 형식적 조작기에 접어든 아이들도 구체적 조작을 가미해야 잘 이해할 수 있다.

피아제의 인지 발달 이론에 의하면 5학년 아이들은 구체적 조작기에서 형식적 조작기로 넘어가는 과도기 단계다. 실제로 5학년 아이들을 보면 형식적 조작기로 들어서서 추상적 사고가 가능한 아이들이 있는가 하면 아직 3, 4학년 수준에서 벗어나지 못한 아이들도 있다.

예를 들어 아이들에게 유리컵에 물과 얼음을 넣은 후 유리컵의 표면을 관찰하게 한다. 잠시 후 컵 표면에 물방울이 맺혀 흘러내릴 때 "컵 표면에 맺힌 물방울은 어디에서 왔을까?"라고 질문하면 일부는 제대로 대답한다. 하지만 상당수의 아이들이 컵에서 새어 나왔다고 대답한다. 형식적 조작기에 있는 어른 입장에서 보면 이 답변이 어처구니없이 느껴진다. 하지만 이렇게 어른처럼 사고하기 위해서는 어느 정도 변인 통제력과 논리력이 필요한데 아직 구체적 조작기에 머물러 있는 아이들은 불가능하다.

이 아이들에게 컵에 맺힌 물방울의 실체를 알려 주기 위해서는 다른 실험을 더 해보아야 한다. 깨끗한 물이 아니라 잉크를 탄 물과 얼음을 넣고 컵 표면에 맺힌 물방울 색깔을 관찰하게 하는 것이다. 그러면 구체적 조작기의 아이들은 고개를 갸우뚱한다. 맺힌 물방울 색깔이 잉크 색깔이 아니기 때문이다. 그제야 아이들은 컵에 맺힌 물방울의 출처를 컵이 아닌 다른 곳, 즉 공기를 의심하기 시작한다. 이런 과정을 거쳐서 결국 우리

눈에는 보이지 않지만 공기 중에는 물방울이 존재하고 그 물방울이 이슬로 맺힌다는 사실을 깨닫게 된다.

자녀가 5학년인데 아직 형식적 조작기에 접어들지 못했다 해도 조급해할 필요는 없다. 인지 발달 이론에 따르면 모든 사람은 순차적으로 인지 발달 단계를 거친다. 다만 그 속도의 차이가 있을 뿐이다. 중요한 것은 아이의 단계를 인지하여 이에 맞게 적절한 교육을 하는 것이다.

성적을 가르는 통합 탐구력

5학년이 되면 기초 탐구 과정보다 통합 탐구 과정을 요하는 내용이 많아진다. 즉 기초 탐구력에서 통합 탐구력의 전환 시기라고 할 수 있다.

예를 들어 '용해와 용액' 단원에서는 물의 온도에 따라 백반의 녹는 양을 알아보는 실험을 한다. 이 실험을 진행하기 위해서는 문제를 인식하고(온도가 백반의 녹는 양에 미치는 영향), 인식한 문제를 바탕으로 가설(온도가 높을수록 백반이 많이 녹을 것이다.)을 세울 수 있어야 한다. 또 가설을 검증하기 위해 무엇을 변인 통제(온도를 제외한 나머지 요소는 동일해야 한다.)해야 하는지를 알고, 실험 설계를 할 줄 알아야 한다.

원하는 결과를 얻을 수 있도록 직접 실험을 설계하고, 필요한 재료를 준비해서 수행하고, 나온 결과를 기록하고 분석하는 일은 대단히 어렵다. 하지만 이런 능력을 갖춘 아이와 그렇지 않은 아이는 큰 차이가 난다.

외부 과학경진대회는 과제만을 제시해 준다. 참가자가 직접 과제에 필요한 실험을 계획하고 수행하여 결과를 제출하는 형식인 것이다. 이때 통합 탐구력의 여부가 승패를 가른다. 통합적인 탐구력을 키우기 위해서는 어렸을 때부터 실험 조작 활동을 많이 해봐야 한다.

우리 아이는 제대로 과학 공부를 하고 있는 걸까?

과학은 크게 에너지, 물질, 생명, 지구과학 영역으로 나뉜다. 다음은 5학년 과학 교과서의 각 영역별 학습 목표와 주요 공부 내용을 정리해 놓은 것이다. 이를 참고하여 아이가 각 학습 목표에 맞게 공부를 하고 있는지 확인하자.

영역	관련 단원	주요 공부 내용
운동과 에너지	• 1학기 2. 온도와 열 • 2학기 4. 물체의 운동	• 온도를 정확하게 측정할 줄 알아야 하고, 온도와 관련하여 열의 이동, 전도, 단열, 대류 현상을 이해하고 설명할 수 있어야 한다. • 물체의 운동을 시간에 따른 위치의 변화로 이해하고, 속력은 시간에 따른 이동 거리로 이해할 수 있어야 한다.
물질	• 1학기 4. 용해와 용액 • 2학기 5. 산과 염기	• 용질, 용매, 용액, 용해 등의 용어를 먼저 정확히 이해해야 한다. 용질의 녹는 양은 용매의 종류와 양, 온도에 따라 변화한다는 것을 알고, 이들의 관계를 설명할 줄 알아야 한다.

물질	• 1학기 4. 용해와 용액 • 2학기 5. 산과 염기	• 지시약을 이용하여 여러 가지 용액을 산성과 염기성으로 분류할 수 있어야 하고, 산성 용액과 염기성 용액의 성질을 비교할 수 있어야 한다.
생명	• 1학기 5. 다양한 생물과 우리 생활 • 2학기 2. 생물과 환경	• 균류, 원생생물, 세균 등의 다양한 생물의 특징과 사는 환경에 대한 이해가 필요하며 이들과 우리 생활과의 관계를 이해해야 한다. • 생물 요소, 비생물 요소, 생태계, 먹이 사슬, 먹이 그물, 생태계 평형과 같은 용어들의 개념을 정확하게 이해해야 한다.
지구와 우주	• 1학기 3. 태양계와 별 • 2학기 3. 날씨와 우리 생활	• 에너지원으로서 태양, 태양계 행성, 행성의 크기와 거리, 별, 별자리, 북극성과 같은 용어에 대한 이해와 무엇보다 태양계와 별에 대한 폭넓은 관심과 호기심이 필요하다. • 일상생활에서 경험한 기상 현상을 중심으로 여러 가지 날씨 요소(습도, 구름, 기압, 바람 등)를 이해하고, 날씨와 우리 생활과의 관계를 이해할 수 있어야 한다.

과학 공부,
이렇게 하면 잘할 수 있다

실험 수업에서 아이가 배워야 하는 것

요즘 유행하는 것 중 하나가 교과서에 등장하는 실험을 미리 해보는 과외 아닌 과외다. 학교에서 배울 내용을 미리 실험해 보는 것이다.

이런 식의 선행 학습이 효과가 있을까? 그렇지 않은 경우가 더 많다. 무엇보다 수업 시간에 딴전을 부리거나 친구들을 방해하기 일쑤다. 이미 실험을 해봤기 때문에 수업이 지루한 것이다. 선행하며 과정 위주로 제대로 배운 일부 아이들은 통합 탐구력이 좋아지기도 한다. 하지만 그런 아이는 극히 일부로, 실험을 많이 해보기는 했지만 결과 위주의 잘못된 실습을 하는 경우가 태반이기 때문에 효과가 좋지 않다.

실험에서 제일 중요한 것은 제대로 된 과정이다. 올바른 탐구 과정만

이 아이의 탐구력을 길러 준다. 탐구 실험 과정은 보통 '탐색 및 문제 파악 → 가설 설정 → 실험 설계 및 실험 → 가설 검증 → 적용 및 새로운 문제 발견' 5단계를 거쳐 진행된다. 모든 실험이 이 단계를 거치는 것은 아니지만 5학년부터 등장하는 실험은 대부분 이 단계를 따른다.

부모의 도움이 가장 필요한 단계는 가설 설정과 실험 설계다. 가설 설정이란 '어떤 일이 일어날 것인지에 대해 미리 예상하는 것'이다. 이 단계에서는 그렇게 생각한 이유를 뚜렷한 인과 관계에 따라 제시하는 것이 중요하다. 아이가 논리적으로 생각을 전개할 수 있도록 도와줘야 한다.

가설을 설정하였으면 실험 설계를 해야 한다. '가설을 검증하기 위해 변인을 확인하고 변인 통제의 방법을 고안하는 단계'라고 할 수 있다. 실험에서 가장 중요하다. 실험 설계를 제대로 하느냐 못하느냐에 따라서 실험 결과가 달라지기 때문이다.

이 단계에서 아이들이 가장 어려워하고 쉽게 간과하는 부분이 바로 변인 통제다. 변인 통제란 '조작하는 변인 이외에 실험에 영향을 미칠 수 있는 변인을 찾아 모두 일정하게 유지하는 것'이다. 즉 실험 결과에 영향을 미칠 수 있는 모든 조건을 동일하게 해주는 것이다. 예를 들어 강낭콩에 햇빛이 미치는 영향을 알아보는 실험을 한다고 하자. 이때 햇빛을 제외한 다른 변인, 즉 물, 온도, 흙 등은 실험 결과에 영향을 미치지 못하도록 똑같이 통제해 주는 것이 변인 통제다. 변인 통제는 논리적 사고력이 어느 정도 형성되어야 가능하다. 따라서 가정에서 실험 활동을 할 때 부모의 도움이 반드시 필요한 부분이다.

이와 같은 절차에 따라 실험하는 것이 어렵게 느껴질 수도 있다. 하지만 한두 번 해보면 그렇게 어렵지 않다. 이런 과정을 거쳐야만 탐구력과 문제 해결력이 향상된다.

과학의 흥미와 이해를 높이는 방법

초등학교 때는 한쪽으로 치우친 독서보다는 다양한 분야의 책을 읽는 것이 중요하다. 특히 과학 분야 도서는 아이가 어려서부터 관심이 있지 않는 한, 부모의 도움 없이는 가까이하기 어렵다. 요즘에는 과학을 싫어하는 아이들도 재미있게 접할 수 있도록 굉장히 흥미롭게 만든 책이 많다. 부모가 관심을 기울여 함께 읽어 보는 시간을 갖도록 하자. 과학 분야의 책을 많이 읽은 아이들은 과학에 대한 관심도 높고 배경지식도 많다. 과학을 잘하는 것은 당연한 이치다.

아이의 과학적 관심을 불러일으키고 배경지식도 쌓을 수 있는 또 다른 방법은 견학과 탐방 학습이다. 아이들이 직접 체험하고 학습할 수 있는 생태 공원, 박물관 등이 늘고 있다. 부담 없는 가격에 시설도 좋으니 아이 공부에 적극 활용하길 바란다.

5학년 과학 공부에 도움이 되는 책

책이름	지은이	출판사	관련 단원
『정재승의 인류 탐험 보고서 1, 2』	정재승 외	아울북	
『라면을 먹으면 숲이 사라져』	최원형	책읽는곰	5학년 2학기 2. 생물과 환경
『용선생의 시끌벅적 과학교실 25 : 에너지』	사회평론 과학교육 연구소 외	사회평론	5학년 2학기 4. 물체의 운동
『에그박사의 닮은꼴 사파리』	에그박사	다락원	5학년 2학기 2. 생물과 환경
『동물도감』	보리 편집부	보리	5학년 1학기 5. 다양한 생물과 우리 생활
『지구별을 지키는 미래 에너지를 찾아라』	오윤정	크레용하우스	
『나무도감』	임경빈 외	보리	
『미래가 온다, 기후 위기』	김성화	와이즈만 BOOKS	
『파브르 곤충 이야기』	장 앙리 파브르	사계절	
『초등학생을 위한 과학실험 380』	E. 리처드 처칠 외	바이킹	
『기탄잘리, 나는 이기고 싶어』	기탄잘리 라오	동아시아 사이언스	

『용선생의 시끌벅적 과학교실 1 : 생태계』	사회평론 과학교육연구소	사회평론	5학년 2학기 2. 생물과 환경
『초딩 인생 처음 물리』	리용러	의미와재미	5학년 1학기 2. 온도와 열
『미생물도 세상에 필요한 거라고?』	존 에릭	주니어김영사	5학년 1학기 5. 다양한 생물과 우리 생활
『초등과학백과』	Gakken Plus	동아시아 사이언스	
『초등과학 개념사전』	정지숙 외	아울북	
『별똥별 아줌마가 들려주는 우주 이야기』	이지유	창비	5학년 1학기 3. 태양계와 별

반드시 알아야 할 과학 용어

'용해와 용액' 단원을 가르칠 때의 일이다. 한 남자아이가 "선생님, 왜 계속 용용거리면서 놀려요?"라면서 울상이 되어 외쳤다. 처음에는 무슨 소리인가 어리둥절하다가 '용액, 용매, 용질'이란 말이 놀리는 것처럼 들렸나 싶어 웃음이 나왔다. 수업을 하다 보면 이와 비슷한 일이 종종 발생한다. 수업 설명을 제대로 알아들으려면 교과서에 등장하는 용어들을 알고 있어야 한다. 그렇지 않으면 수업은 물론 교과서를 읽어도 무슨 말인지 제대로 이해할 수 없다.

5학년 과학 교과서에는 어려운 과학 용어가 많이 등장한다. 이 용어들을 잡지 못하면 과학 공부는 점점 어려워진다. 따라서 최소한 교과서에 등장하는 과학 용어의 뜻 정도는 정확히 알고 있어야 한다.

다음은 5학년 단원별로 반드시 알아야 하는 용어들만 소개해 놓은 것이다. 초등학생이 알기 쉽게 풀어 설명해 놓았기 때문에 보다 정확한 개념 설명을 알고자 한다면 사전을 참조하길 바란다.

5학년 과학 용어 사전

1학기 단원명	과학 용어
1. 과학자는 어떻게 탐구할까요?	• 문제 인식 : 자연 현상의 관찰로부터 문제를 파악하고 탐구 방법 및 내용 등이 분명하게 드러나도록 구성해 나가는 과정 • 가설 설정 : 어떤 일이 일어날 것인지 미리 예상하는 과정 • 변인 통제 : 독립 변인과 종속 변인을 확인하고, 실험 결과에 영향을 미칠 수 있는 독립 변인 중 조작 변인 외의 다른 변인을 통제하는 과정 • 자료 변환 : 관찰, 측정하여 얻은 자료를 다른 사람에게 효과적으로 전달하기 위해 표나 그래프 등으로 표현하는 과정 • 자료 해석 : 관찰, 실험, 조사 등을 하여 수집한 자료를 분석해 의미를 파악하는 과정 • 결론 도출 : 자료를 해석하여 문제에 대한 해답을 얻거나 가설에 대한 옳고 그름을 판단하는 과정 • 일반화 : 개별적이고 구체적인 사례나 검증된 사실에서 보다 포괄적인 의미를 이끌어 내는 과정
2. 온도와 열	• 전도 : 고체 물질의 한 부분을 가열하여 온도가 높아지면 그 주변의 온도가 낮은 부분으로 열이 이동하는데, 이러한 열의 이동을 말함

2. 온도와 열	• 단열 : 두 물질 사이의 열의 이동을 줄이는 것
	• 대류 : 액체나 기체 상태에서 온도가 높아진 물질이 위로 올라가고, 위에 있던 물질이 아래로 밀려 내려오는 과정
3. 태양계와 별	• 행성 : 태양처럼 스스로 빛을 내는 것을 '항성(별)', 스스로 빛을 내지 못하고 별 주위를 돌고 있는 것을 '행성'이라 함
	• 위성 : 행성 주위를 돌고 있는 것, 달은 지구의 위성이라 할 수 있음
	• 혜성 : 태양 주위를 돌아서 멀리 태양계 밖까지 나갔다가 다시 돌아오기를 반복하는 것
	• 태양계 : 태양을 포함하여 행성, 소행성, 혜성 등 태양 주변을 공전하고 있는 것과 그 행성의 주위를 공전하는 위성들이 있는 공간
4. 용해와 용액	• 용해 : 소금이 물에 녹듯이 어떤 물질이 다른 물질에 녹아 골고루 섞이는 현상
	• 용액 : 소금물처럼 두 가지 이상의 물질이 골고루 잘 섞여 있는 것
	• 용질 : 용액에 녹아 들어가는 물질, 예를 들어 소금물 속의 소금, 설탕물 속의 설탕을 용질이라 할 수 있음
	• 용매 : 용액에서 용질을 녹이는 물질, 소금물과 설탕물을 예로 들면 소금, 설탕을 녹인 물을 용매라고 할 수 있음
	• 용액의 진하기 : 같은 양의 용매에 녹아 있는 용질의 양을 많고 적음으로 나타낸 것
5. 다양한 생물과 우리 생활	• 균류 : 곰팡이, 버섯처럼 가늘고 긴 균사로 이루어져 있고 포자로 번식하는 생물
	• 원생생물 : 짚신벌레, 해캄처럼 동물, 식물, 균류, 세균에 속하지 않는 생물을 통칭해서 부르는 말
	• 세균 : 대장균이나 콜레라균처럼 생물체 가운데 가장 미세하고 가장 하등에 속하는 단세포 생물

2학기 단원명	과학 용어
1. 재미있는 나의 탐구	• 탐구 : 진리나 학문 따위를 깊이 파고들어 연구하는 것. 과학에서 자주 사용하는 탐구 방법에는 관찰, 분류, 측정, 예상, 추리, 의사소통 등이 있음
2. 생물과 환경	• 생물 요소: 우리 주변에서 동물과 식물처럼 살아 있는 것을 아우르는 말 • 비생물 요소 : 공기, 햇빛, 물처럼 살아 있지 않은 것을 아우르는 말 • 생태계 : 어떤 장소에서 서로 영향을 주고받는 생물 요소와 비생물 요소 • 생산자 : 살아가는 데 필요한 양분을 스스로 만드는 생물 • 소비자 : 스스로 양분을 만들지 못하고 다른 생물을 먹이로 하여 살아가는 생물 • 분해자 : 주로 죽은 생물이나 배설물을 분해하여 양분을 얻는 생물 • 먹이 사슬 : 메뚜기는 벼를 먹고, 개구리는 메뚜기를 먹는 것처럼 생태계에서 생물 먹이 관계가 사슬처럼 연결되어 있는 것 • 먹이 그물 : 여러 개의 먹이 사슬이 얽혀 그물처럼 연결되어 있는 것 • 생태 피라미드 : 먹이 단계별로 생물의 수를 쌓아 올리면 피라미드 모양이 되는데 이를 나타내는 것 • 생태계 평형 : 어떤 지역에 살고 있는 생물의 종류와 수가 균형을 이루며 안정된 상태를 유지하는 것 • 서식지 : 생물이 살아가는 장소
3. 날씨와 우리 생활	• 습도 : 공기 중에 수증기가 포함된 정도 • 응결 : 공기 중 수증기가 물방울로 변하는 현상 • 이슬 : 밤에 차가워진 나뭇가지나 풀잎 표현 등에 수증기가 응결해 물방울로 맺힌 것 • 안개 : 밤에 지표면 근처의 공기가 차가워지면 공기 중 수증기가 응결해 작은 물방울로 떠 있는 것

3. 날씨와 우리 생활	• 구름 : 공기 중 수증기가 응결해 물방울이 되거나 얼음 알갱이 상태로 변해 하늘에 떠 있는 것
	• 기압 : 공기의 무게로 생기는 누르는 힘
	• 고기압, 저기압 : 공기가 무거운 것을 고기압이라 하고, 공기가 가벼운 것을 저기압이라 함
	• 바람 : 두 지점 사이에 기압 차가 생기면 공기는 고기압에서 저기압으로 이동하는 데 이를 바람이라 함
	• 해풍 : 바다에서 육지로 부는 바람
	• 육풍 : 육지에서 바다로 부는 바람
4. 물체의 운동	• 운동 : 시간에 따라 물체의 위치가 변하는 것, 여기서 '위치'는 기준점으로부터 움직인 방향과 거리로 나타내며, 물체가 운동한 거리를 '이동 거리'라고 한다.
	• 속력 : 같은 시간 동안에 이동한 거리, 시속(km/h), 분속(m/min), 초속(cm/s, m/s) 등으로 나타낸다.
	• 속도 : 단위 시간에 이동한 거리(속력)를 방향을 고려하여 나타낸 말이다.
5. 산과 염기	• 지시약 : 어떤 용액과 만났을 때 그 용액의 성질에 눈에 띄는 변화가 나타나는 물질
	• 산성 용액 : 푸른색 리트머스 종이를 붉게 변화시키고, 페놀프탈레인 용액의 색은 변화가 없는 용액
	• 염기성 용액 : 붉은색 리트머스 종이를 푸르게 변화시키고, 페놀프탈레인 용액의 색깔을 붉게 변화시키는 용액

과학 영재교육원을 활용하라

수학이나 영어 과목은 일반 학원에서도 수준별로 나누어서 공부시키기 때문에 심화나 선행 학습을 받기 쉽다. 하지만 과학은 현실적으로 그렇지 못하다.

과학도 분명 수학이나 영어 이상으로 성적 격차를 보이며 독보적인 과학적 재능을 보이는 아이들이 있다. 만약 자녀가 과학에 재능이 있고 학교에서 배우는 과학보다 좀 더 깊이 있는 교육을 받고자 원한다면 과학 영재교육원에 도전해 볼 것을 권한다.

영재교육원은 보통 초등학교 4학년부터 선발 대상으로 하며, 한 학급 당 20명으로 구성한다. 보통 학교에서 지원자를 대상으로 학교추천위원회와 담임 교사가 추천하며, 영재교육원에서 창의적 문제해결력 및 면접 평가를 통해 선발한다. 영재교육원 선발 관련 제반 사항은 GED(영재교육종합데이터서비스, https://ged.kedi.re.kr)에서 확인할 수 있다.

과학 영재교육원은 아이의 과학적 갈증을 해소해 준다. 과학에 우수한 아이들이 모여 있다 보니 서로 자극이 되어 폭발적으로 실력이 성장한다. 나중에 관련 직업이나 학교를 염두에 두고 있다면 많은 도움을 받을 수 있다.

일부 부모님은 과학 영재교육원을 선행 학습을 하는 곳이라 생각한다. 하지만 과학 영재교육원은 과학적 사고력의 증진을 목표로 한다.

학교에서는 실험을 주로 교사의 지시대로 따라 하는 방식으로 수업이 진행되곤 한다. 하지만 과학 영재교육원에서는 주제를 주면 그 주제에 맞게 본인이 스스로 실험을 설계하고 수행하여 그 결과를 정리, 발표하는 방식으로 수업이 진행된다. 아이는 이런 수업을 듣는 사이 자신도 모르게 과학적 사고력이 쌓여 과학을 보다 잘할 수 있게 된다. 과학 영재교육원의 가장 큰 장점이라 할 수 있다.

7장

5학년 영어, 무엇이 어려워질까?

부족한 어휘력을 다지고 영어 구조에 대한 감각을 키워야 한다

영유 출신이
유리할까?

한때 "대학은 수학이 결정하고 인생은 영어가 결정한다"는 말이 나돌 정도로 영어는 학생들뿐만 아니라 성인들에게도 큰 부담을 안기는 과목이었다. 하지만 수능에서 영어가 절대평가로 전환되면서 영어의 영향력은 급격히 줄어든 모양새다. 이제 영어는 수능 시험에서 90점 이상을 받아 1등급만 받으면 되는 과목으로, 그 이상 에너지를 쏟는 것은 입시에 별로 도움이 안 된다는 인식이 확대되고 있다. 초등학교 현장에서도 이런 분위기가 느껴진다. 아직도 영어 학원을 많이 다니기는 하지만 예전만큼 과열 양상은 아닌 듯하다.

수능에서 영어 영향력이 많이 줄었지만 영어 1등급을 받는 것은 쉬운 일이 아니다. 난이도에 따라 영어 1등급 인원이 조금씩 다른데 보통 상위 10% 정도가 1등급을 받는다. 입시만이 아니라 이후에 취업이나 승진에서 영어는 언제든지 아이의 발목을 잡을 수 있다. 이 때문에 영어는 초등학교 때부터 제대로 된 방법으로 흥미를 높이고 실력을 갖춰 주는 것이 중요하다.

한국어를 잘하는 아이가 결국 영어도 잘한다

필자가 근무하는 학교는 영어 유치원을 나온 아이들 비중이 상당히 높다. 저학년 때는 일명 영유 출신들이 영어를 잘한다. 그런데 고학년으로 갈수록 말을 잘하는 아이들에게 점점 영어 실력이 뒤처지기 시작한다. 결국 모국어를 잘하는 아이가 영어도 잘한다. 자녀에게 영어 공부를 시킬 때 이 점을 간과하지 않았으면 좋겠다.

사람의 언어는 모국어와 외국어로 구분된다. 모국어는 두 개가 있을 수 없다. 항상 한 개의 모국어를 기반으로 다른 언어를 받아들인다. 그래서 모국어가 다져지지 않은 아이가 영어를 배우면 이도 저도 안 될 수 있다. 초등학교 저학년 때 영어를 가르치지 않는 이유다. 모국어로 자신의 생각과 감정 등을 잘 표현할 수 있어야 영어도 잘한다. 말은 단순한 의사소통 수단이 아니라 사고의 깊이와 넓이를 표현하는 수단이기 때문이다. 영어를 잘하기 위해서는 모국어, 즉 한국어를 먼저 제대로 배워야 한다. 너무 조급해하지 않아도 된다.

5학년 영어,
얼마나 잘해야 할까?

영어는 1997년부터 초등학교 3학년 교육 과정으로 도입해 가르치기 시작했다. 처음에는 이런저런 잡음이 많았지만 이제 영어 과목은 초등 교육 과정에서 주요 과목으로 자리 잡았다. 도입 당시 주당 1시간에 불과했던 수업도 지금은 3, 4학년의 경우 주당 2시간, 5, 6학년의 경우 주당 3시간으로 늘었다. 결코 적은 시간이 아니다.

초등학교 영어 학습의 궁극적인 목적은 영어에 대한 흥미 유발과 일상생활에 필요한 기초 영어의 이해와 표현 능력 함양에 있다. 쉽게 설명해 중학 영어에 흥미를 가지고 성공적으로 이수하도록 기본적인 듣기, 말하기, 읽기, 쓰기 능력을 골고루 익히는 것이다.

초등학교에서는 아무래도 말하기, 듣기 중심의 음성 언어 교육이 강조된다. 이전에는 3, 4학년 과정에 쓰기 교육이 없었다. 하지만 많은 문제점이 발생하면서 지금은 문자 언어 교육으로써 읽기, 쓰기 교육이 첨가되었다.

언어활동은 음성과 문자라는 두 가지 방식으로 이뤄진다. 이 때문에 문자 학습을 결코 간과해서는 안 된다. 문자 학습의 영역인 읽기 학습이 말하기 학습에 도움이 된다는 점도 문자 학습의 필요성을 뒷받침한다. 음성 언어만을 강조한 회화 학습에만 치중하지 말고 어휘와 문법 학습도 적절히 병행시켜야 한다.

초등학생이 도달해야 하는 영어 목표

필자가 생각하기에 영어만큼 학교 교육의 교과 과정이 무시되고 있는 과목도 드물다. 영어 교육을 대부분 학원에 의지하고 있다 보니 아이들이 영어를 공부하는 모습은 각양각색이다. 중·고등학교에서나 배울 법한 고급 어휘를 열심히 외우는 아이가 있는가 하면, 기초 문법 문제집을 얼굴이 발갛게 되도록 푸는 아이도 있다.

영어는 얼마만큼 할 줄 알아야 적정 수준인지 알 수 없다. 그러다 보니 부모들은 원어민처럼 말하는 아이를 보게 되면 절로 조급증이 생긴다. 불안해진 부모들은 아이에게 끊임없이 영어 공부를 강요하고 영어에 좋은 것은 아무리 많은 돈이 들어도 투자를 아끼지 않는다.

교육 과정상 초중등 권장 어휘는 3000개다. 이 중 초등학교 권장 어휘는 800개다. 아마 이 기준을 보면서 피식 웃는 분이 많을 것이다. 겨우 단어 800개 외워서 뭐하나 하는 생각이 들 수 있다. 이는 현실적으로 맞는 말일지도 모른다. 하지만 초등학교 영어 교육은 어휘를 얼마나 많이 알고 있느냐보다 얼마나 재밌게 습득하고 활용하느냐에 중점을 둔다. 부모 세대가 과거에 입시를 위해 만 개도 넘는 단어들을 외웠으면서도 영어 한마디 제대로 못한 것을 생각해 보라. 암기한 단어 개수가 아닌 습득한 단어를 얼마나 다양하게 활용할 수 있는가가 더 중요하다. 어휘를 습득하고 활용하는 과정에서 재미를 느낀 아이는 나중에 놀라울 정도로 실력이 향상될 것이다.

위의 표는 초등학교 5·6학년에게 요구되는 영어 수준이다. 무작정 아이에게 공부를 시키기보다 5학년 교과 성취 수준을 충분히 달성하고

5·6학년 영어 성취 수준

영역	성취 수준
듣기	• 간단한 말이나 대화를 듣고 이해하며, 전화 대화를 이해하고, 과업을 수행하기
말하기	• 간단한 말이나 대화를 듣고 내용에 맞게 말하며 내용에 관해 묻고 답하기, 전화로 대화하며 상황에 맞게 지시하거나 요청하기
읽기	• 쉽고 간단한 어구, 문장, 글을 소리 내어 읽고 의미를 이해하며, 쉽고 짧은 글의 주요 내용을 이해하기

쓰기	• 알파벳과 구두점을 바르게 쓰고, 쉽고 간단한 낱말과 어구를 쓰며, 자신이나 가족 등에 대해 예시문을 참고하여 간단한 글쓰기

있는지 살피는 것이 우선이다. 목표를 충족시키지 못하고 있다면 그 부분을 보충해 주는 데 집중해야 한다.

영어 공부,
이렇게 하면 잘할 수 있다

아이에게 왜 영어를 공부해야 하는지 물어라

영어를 잘하기 위해서는 무엇보다 영어를 배우는 목적의식이 분명해야 한다. 강요에 의한 공부로도 어느 정도 성장할 수 있지만 그 성장에는 한계가 있기 때문이다.

영어는 공부하는 목적이 분명할 때 효과적이고 빨리 배울 수 있다. 소프트뱅크 손정의 회장의 비서실장을 거친 미키 다케노부三木雄信는 저서 『직장인 생존 영어, 1년 만에 끝낼 수 있다』(코리아닷컴)에서 1년 만에 영어를 마스터할 수 있는 7가지 전략을 제시한다. 그중 제1 전략이 '내가 당장 써먹을 영어의 범위를 명확히 한다'이다. 즉 영어 공부를 시작하기 전 목표를 명확히 세우라는 것이다. 만약 현재 아이의 토익 점수가 700

점이라면 다음에는 750점에 도전해 보는 식으로 현실적이고 구체적인 목표를 설정해야 영어 실력이 빠르게 향상된다.

또한 영어는 시간을 정해 집중적으로 하는 공부도 필요하지만 매일 꾸준히 공부하는 것이 더 중요하다. 하루 공부하지 않으면 영어 실력이 일주일 후퇴한다는 생각으로 매일 하도록 한다.

영어 동화를 반복해서 읽는다

국어의 어휘력이나 이해력, 표현력 등을 키우기 위해서 독서를 많이 시켜야 하듯 영어의 어휘력이나 표현력을 키우기 위해서는 영어책을 많이 읽혀야 한다. 특별히 영어 동화책을 권한다. 부담감 없이 영어를 접할 수 있다는 장점이 있다.

영어 동화책을 읽힐 때는 다음 사항을 참고하면 좋겠다. 먼저 아이의 영어 수준을 고려해 책을 골라야 한다. 아이의 성향에 따라 조금 어렵거나 조금 쉬운 것을 선택하는 것이 좋다. 그림이 많은 책을 선택하면 영어에 대한 거부감을 줄일 수도 있다.

또 여러 권의 동화책을 읽는 것보다 한 권을 반복해서 읽는 것이 좋다. 그러면 자주 등장하는 좋은 표현들을 저절로 외울 수 있고, 표현을 저절로 회화 때 사용하게 된다. 마지막으로, 잘 아는 동화를 읽히는 것이 좋다. 그래야 모르는 부분을 유추, 해석할 수 있기 때문이다. 그렇다고 얼렁

뚱땅 이해하고 넘어가서는 곤란하다. 잘 아는 동화를 읽는 목적은 내용의 개략적인 이해를 통한 정확한 해석에 있기 때문이다.

초보적인 어휘도 모르는 5학년

요즘 아이들은 영어를 정말 잘하는 것 같다. 특히 발음이 거의 원어민 수준이다. 하지만 정작 아이들의 어휘 실력은 상당히 실망스럽다. 고학년인데도 굉장히 초보적인 수준의 단어조차 모르는 경우가 많다. 발음은 영어 학원을 오래 다니면 저절로 좋아지기 마련이다. 하지만 어휘력은 노력을 기울이지 않으면 절대 나아지지 않는다.

5학년 정도 되면 슬슬 중학교 준비도 해야 한다. 어휘력 향상은 가장 시급한 과제다. 지금부터라도 하루에 몇 개씩 꾸준히 외우는 습관을 들여 어휘력을 향상시켜 놓아야 한다. 특히 단어만이 아니라 가급적 숙어 형태나 통 문장으로 외우는 것이 좋다. 한 단어가 내포하고 있는 뜻은 다양하다. 단어의 의미만 외울 경우 어느 상황에서 어떤 의미로 활용되는지 정확히 알 수 없다. 예를 들어 'cold'라는 단어는 '춥다, 감기'라는 뜻을 가지고 있다. 이 경우 'cold weather(추운 날씨)'나 'I have a cold(감기에 걸리다).'처럼 활용 예시와 함께 외우면 단어의 활용도와 암기력이 높아진다.

영어에 서툰 부모가 아이의 공부를 도와주는 법

영어는 학교나 학원에서만 하는 것으론 한계가 있다. 영어를 잘하기 위해서는 영어에 많이 노출되는 것이 중요하다. 아이가 가정에서도 영어와 접할 수 있는 환경을 조성해 주도록 한다. 공부방이나 거실, 화장실 등에 영어 단어나 문구를 붙여 놓아 공부 환경을 만들어 주는 것이다.

공부 환경에서 무엇보다 중요한 것은 부모다. 집에서 부모와 간단한 생활 영어라도 나누는 아이와 그러지 않은 아이의 영어 실력 차이는 크다. 부모도 영어 회화에 능숙해야 한다는 의미는 아니다. 자주 쓰는 몇 가지 표현 등을 활용하여 간단히 대화를 주고받을 수 있는 정도면 충분하다

예를 들어 "How does this soup taste(이 스프 맛이 어때)?"라는 표현을 익혔다면 밥을 먹을 때 soup(스프) 자리에 boiled rice(밥), bread(빵) 등의 단어를 바꿔 넣어 아이에게 대화를 시도하는 것이다. 또한 이 대답으로 "It taste good(맛있어)."과 같은 표현을 익혔다면 good(좋다) 자리에 too sweet(너무 달다), salty(짜다)를 바꿔 넣어 활용한다. 자주 연습하면 아이의 영어 실력뿐 아니라 영어 자신감을 높일 수 있다.

하지만 집에서 영어로 말하기는 아이가 고학년이 되면 실천하기 어렵다. 무엇보다 부모 스스로 부담감을 느낀다. 그럴 경우 영어 흘려듣기를 지속적으로 해주면 좋다. 아이 듣기 수준에 맞는 듣기 자료를 지속적으로 틀어 주면 아이는 의식적이든 무의식적이든 계속 영어를 접하게 되

어 저절로 영어 억양과 발음에 익숙해진다. 듣기 자료는 유튜브에 굉장히 많이 올라와 있다. 아이 수준에 맞는 듣기 자료를 선택해서 계속 반복해서 들을 수 있도록 틀어 주면 좋다.

만화영화를 자막 없이 보는 것도 아주 좋은 영어 공부법이다. 만화영화는 성우들이 목소리 더빙을 하기 때문에 발음이 매우 정확해 알아듣기가 비교적 쉽다. 아이가 좋아하는 작품이 있다면 처음에는 한국어 자막으로 보여 준 뒤 영어 자막으로 보여 주고 나중에는 자막 없이 반복해서 보게 한다. 여러 작품을 보기보다 한 편을 수십 번 반복해서 보는 것이 훨씬 더 효과적이다.

이와 같이 부모는 아이가 영어에 끊임없이 노출될 수 있도록 노력해야 한다. 영어를 꺼려 하는 부모는 이를 상당히 부담스럽게 여기는데 그럴 필요 없다. 영어 자료나 영어 만화영화를 보여주는 것은 부모의 영어 실력과 상관이 없다.

꼼꼼한 공부, 음독 공부법

책을 읽을 때 소리 내어 읽는 음독이 속으로 읽는 묵독보다 좋다는 것은 앞에서도 강조했다. 영어 역시 마찬가지다. 많이 듣거나 읽는 것도 좋지만 이 경우 모르는 단어나 표현을 지나치기 쉽다. 하지만 소리 내어 읽다 보면 모르는 단어를 건너뛰기 어려워진다. 발음부터 막히기 때문이다.

그렇기 때문에 사전을 찾아봐야 하는 수고가 따른다. 이런 과정을 통해 영어 실력이 좋아진다.

소리 내어 읽을 때는 원어민 흉내를 내지 않고 한 단어 한 단어를 발음과 억양에 유의해 또박또박 읽게 한다. 이렇게 읽다 보면 자연스럽게 연음을 터득하게 되고, 의미 단위로 끊어 읽게 된다. 예를 들어 'On Memorial day, people pray for those who died for the country(현충일에 사람들은 나라를 위해 돌아가신 분들을 위해 기도한다).'라는 문장이 있다고 하자. 처음에는 내키는 대로 끊어 읽겠지만, 음독하다 보면 자연스럽게 'On memorial day / people pray for those / who died for the country'로 끊어 읽을 수 있게 된다.

영어 일기에 도전한다

말하기보다 쓰기는 더 고차원적인 언어 능력에 속한다. 그래서 많은 연습이 필요한데 영작 역시 많이 써봐야 잘할 수 있다. 영작 실력을 높이는 가장 손쉽고도 확실한 방법은 영어 일기 쓰기다. 특히 5학년 정도 되면 영어 일기 쓰기에 도전해도 전혀 무리가 없다. 실제 교육 과정상에도 5, 6학년군 영어 교육 목표에 '예시문을 참고하여 짧고 간단한 글을 쓴다'라고 명시되어 있다. 그동안 익힌 어휘들과 표현 등을 동원하면 제법 그럴싸한 일기를 쓸 수 있다.

영어 일기를 쓰라고 하면 아이가 부담부터 갖는다. 처음부터 제대로 된 일기를 쓰기란 무리다. 처음에는 날짜(date)와 날씨(weather) 쓰기부터 시작한다. 예를 들어 '11월 3일 토요일 흐림'을 'Saturday, November 3rd cloudy'로 표현할 수 있도록 연습시킨다. 이때 다양한 날씨 표현을 구사할 수 있도록 여러 어휘로 바꿔 쓰게 한다. 날짜와 날씨 쓰기에 익숙해졌다면 서서히 한두 문장씩 본문(body) 쓰는 연습을 시작한다. 이런 식으로 조금씩 분량을 늘려 가는 게 중요하다. 초보 수준의 영어 일기를 베껴 써보는 것도 도움을 받을 수 있다.

영어 일기를 쓰다 보면 자연스럽게 사전을 많이 찾게 된다. 이때 한영 사전만으로는 한계가 있다. 왜냐하면 단어의 용례를 자세히 알 수 없기 때문이다. 뜻은 비슷하지만 문맥에 따라서 사용하는 단어가 다르기 때문에 정확한 단어 사용을 위해서라도 영영 사전을 활용하는 습관을 들이면 좋다. 또 아이가 익힌 영어 표현들을 일기에서 활용할 수 있도록 도와야 한다. 이를 통해 영어 표현을 완벽하게 익힐 수 있다.

8장

중학교 진학,
이것을 준비해야 한다

중학교 준비,
6학년 때 하면 늦는다

아이가 고학년이 되면 모든 학부모의 고민은 중학교 진학으로 집중된다. 그 고민의 중심이 바로 어느 중학교에 보낼 것인가다. 국제중이냐 일반중이냐, 혹은 주변에 있는 여러 학교 중 어느 곳으로 보낼 것이냐를 두고 고민하게 된다.

사실 중학교 선택은 입시와 직결되는 고등학교 선택에 비해 학부모들의 관심이 덜하다. 그렇다 해서 중학교 선택이 고등학교에 비해 중요하지 않다고 말할 수 없다. 고등학교가 실전이라면 중학교는 연습 경기에 해당한다. 연습을 제대로 하지 않으면 실전에서 좋은 결과를 얻을 수 없듯이 고등학교에서 좋은 결과를 내기 위해서는 먼저 중학 생활을 성공적으로 마쳐야 한다.

초등학교와 달라지는 것들에 대해 준비해야 한다

6학년 졸업반이 되면 학부모와 아이들의 관심이 자연스럽게 중학교 입시에 집중된다. 하지만 중학교 진학 준비를 6학년 때 하면 늦는다. 특히 초등학교와 비교해서 달라지는 것들을 미리 알고 준비해야 중학교 생활에 성공적으로 연착륙할 수 있다.

수업 시간이 길어진다

중학교는 수업 시간이 초등학교에 비해 길어진다. 현재 초등학교는 40분 수업, 10분 쉬는 시간이지만, 중학교는 45분 수업, 10분 쉬는 시간으로 진행된다. 어른의 입장에서 보면 고작 5분 차이일 뿐이다. 하지만 중학교 진학 이후 찾아온 졸업생 중 상당수가 수업 시간이 길어진 것을 힘들어했다. 초등학교 40분 수업에도 집중 못하는 아이가 꽤 많다. 그 아이들이 중학교에 가서 45분 수업을 받으려면 힘들 수밖에 없다. 이를 위해 가정에서부터 조금씩 공부 시간을 늘려가는 연습을 할 필요가 있다.

교실 풍경이 180도 달라진다

초등학교와 중학교의 가장 큰 차이점 중의 하나가 교실 풍경일 것이다. 초등학교 교실에는 담임 교사가 상주한다. 그래서 쉬는 시간이나 점심시간에 얼마든지 교사에게 도움을 요청할 수 있다. 그러다 보니 심각한 학교폭력 문제가 발생하기 어렵다. 하지만 중학교는 조회, 종례 시간에만 담임 교사가 교실로 찾아오기 때문에 학생들이 담임 교사와 친밀한 관계를 맺기 어렵다. 교실에 학생들만 있기 때문에 또래 문화가 강하게 작용하고 학교폭력 문제도 초등학교에 비해 심각성이 더해질 수밖에 없다.

또 초등학교는 담임 교사가 거의 전 과목을 가르치지만 중학교는 교과목마다 교사가 모두 다르다. 대체적으로 초등학교 교사보다 중학교 교사는 친절하지 않다. 초등학교에서는 교사가 일일이 챙겨 줬지만 중학교는 본인이 알아서 챙겨야 한다. 그러지 못하는 아이들은 적응을 잘 못한다. 중학교에 진학하기 전에 독립적인 성향을 길러 줘야 할 필요가 있다. 자기의 일은 자기가 챙길 수 있어야 중학교 생활에 잘 적응할 수 있다.

평가가 많아지고 엄격해진다

초등학교는 일제식 지필평가(같은 학년의 모든 학생이 같은 날짜에 동일한 선택형 문항을 중심으로 실시하는 평가)를 지양하는 것이 평가 지침이다. 이 때문에 대부분 수행 평가를 진행한다. 지필평가를 한다고 해도 점수나 석차를 잘 공개하지 않아, 초등학교에서는 자신의 학업성취도가 어느 정도 되는지 정확히 모른다.

하지만 중학교에 진학하면 중간고사, 기말고사와 같은 지필평가를 대대적이고 공식적으로 치른다. 중학교 내신 성적은 교과 성적과 출결, 봉사 활동, 수업 태도 등 비교과 성적이 합산되는데, 시험 결과는 내신 성적을 산출하는 데 결정적인 역할을 한다. 성적을 공개하지는 않지만 본인이 알고자 하면 얼마든지 알 수 있다.

수행 평가 역시 초등학교보다 훨씬 많고 엄격하다. 중학교는 과목별로 교사가 다르기 때문에 수행 평가 시즌이 되면 많은 과목의 수행 평가가 몰려 아이들이 큰 중압감을 느낀다. 학교 수행 평가는 학원의 도움을 받기도 어렵다. 자기주도학습 능력을 꼭 키워서 중학교에 입학해야 하는 이유이다.

자유학기제가 생긴다

자유학기제는 중학교 1학년 때 한 학기나 두 학기 동안 지식 경쟁에서 벗어나 학생참여형 수업을 실시하고 학생의 소질과 적성을 키울 수 있는 다양한 체험 활동을 중심으로 운영하는 것을 말한다. 자유학기제의 취지는 다양한 진로 탐색과 진로 체험 활동을 통해 자신의 미래를 설계해 보는 시간을 갖도록 하는 데 있다. 이를 위해 자유학기제 기간 동안에는 지필평가를 보지 않는다. 대신 학습 과정을 관찰하여 평가하는 과정중심평가와 수행 평가가 이루어진다.

자유학기제 기간은 결코 짧지 않다. 이 기간을 공부 안 해도 되는 기간으로 오인하고 허비하거나, 정확히 어떤 활동을 하는지도 모른 채 어영부영 보내면 곤란하다.

학교에서 제공하는 다양한 체험 활동 외에도 방과 후나 방학 등을 활용해 다양한 진로 체험 활동에 참여해 보는 것이 중요하다. 자신의 진로에 대해 진지하게 고민해 보는 다시 없는 기회가 되기 때문이다. 꿈을 찾아 진로를 정한 아이는 공부를 대하는 태도가 완전히 달라진다.

또 이 기간은 자기주도학습 능력을 키우는 최적의 시기다. 자유학기제 기간에도 학습은 계속 이루어진다. 하지만 아무래도 시험 부담이 없기 때문에 자기주도적 학습 역량을 키우기 좋다. 물론 시험만 없을 뿐 학습 내용을 잘 이수했는지 그 과정을 평가하여 학교생활기록부에 기록으로 남기기 때문에 공부를 소홀히 하면 안 된다. 이 기간 동안 배운 내용을 철저하게 잘 복습해서 다음 학년 공부에 지장이 없도록 해야 한다.

내신 관리에 신경 써야 한다

초등학교 때 성적은 그야말로 아무것도 아니다. 학교생활기록부에도 성적이 수치로 남지 않는다. 아이의 공부 정체감에 영향을 줄 뿐이다. 하지만 중학교부터는 내신 관리에 신경을 써야 한다. 입시와 직결되기 때문이다. 중학교 내신은 고등학교 내신의 가늠자가 된다. 또한 중학교 때 내신 관리 능력은 고등학교까지 고스란히 이어진다. 결국 중학교 내신을 잘 받은 아이가 고등학교에 진학해서도 내신을 잘 받아 대입에서 좋은 결과를 얻을 확률이 매우 높다.

특목고 진학을 생각하거나 비평준화 지역에서 고등학교 진학을 한다면 중학교 내신을 꼭 챙겨야 한다. 중학교 내신 산출 방법은 지역마다 조금씩 다르다. 앞에서도 설명했지만 보통은 교과 성적과 출결, 봉사활동, 수업 태도, 창의적 체험 학교활동을 포함한 비교과 성적 점수를 합산해서 산출한다. 고입 내신 산출에서 자유학년제의 확대에 따라 중학교 1학년 교과 성적은 반영하지 않는 지역이 점점 늘고 있다. 그래도 교과 성적의 중요성은 줄지 않으니 충실히 대비하고 관리해야 한다.

중학교 내신 관리를 위해 사전에 자녀가 진학할 중학교 시험지를 미리 보는 것도 좋은 대비 방법일 수 있다. 해당 중학교의 시험지는 족보닷컴이나 동네 학원의 도움을 받으면 어렵지 않게 구할 수 있다. 중학교 시험지를 미리 보아 두면 그 학교의 수준이나 공부량을 가늠하는 데 많은 도움이 된다.

우리 아이에게 맞는 중학교를
어떻게 알 수 있을까?

현행 중학교 진학 제도에서는 학생이나 학부모의 선택의 폭이 거의 없다. 중학교 배정은 철저하게 거주지 우선으로 배정되기 때문이다. 그럼에도 불구하고 내 자녀를 어느 중학교에 진학시킬 것인지를 두고 많은 학부모가 고민한다. 내 자녀에게 적합한 중학교는 어디일까? 만약 선택의 여지가 있다면 5학년 때부터는 충분히 고민하고 준비해야 한다.

자녀의 특성과 진로를 먼저 고려해야 한다

중학교를 선택하는 기준이 명확하지 않으면 자칫 환경이나 분위기에 휩쓸리기 쉽다. 무턱대고 교육열이 높고 경쟁이 치열한 중학교에 입학시

켰다가 낭패를 보는 경우를 많이 보았다. 아이의 특성이나 진로가 아닌 중학교 자체를 먼저 따지면 실패할 확률이 높다.

예를 들어 거주지 주변에 A중학교와 B중학교가 있다고 가정해 보자. A중학교는 학부모의 교육열이 높고 경쟁이 치열하다. 자사고나 외고 등 특목고 진학률도 상당히 높다. 시험 문제 수준도 굉장히 높다 보니 사교육을 받지 않으면 내신 따기가 너무 힘들다. 게다가 학부모에게 인기가 좋아 학급당 학생 수가 30명도 넘는 과밀학급이다. 이에 비해 B중학교는 교육열이 다소 떨어지고 경쟁도 덜하다. 자사고나 외고 등 특목고 진학률도 신통치 않다. 시험 문제 수준은 교과서 수준으로 사교육에 크게 의존하지 않아도 내신 관리가 된다. 학부모들에게 인기가 별로 좋지 않아 학급당 학생 수도 20명 남짓이다. 학부모들은 둘 중에 어떤 중학교를 선택할까? 아마 대부분 묻지도 따지지도 않고 A중학교를 선택할 것이다.

그런데 이 선택에는 맹점이 있다. 중학교 자체로만 놓고 보면 A중학교가 경쟁력이 있을지 모르지만 아이에 따라서는 B중학교가 더 잘 맞으며, 고입이나 대입에서 유리할 수 있다. 중학교를 선택하는 기준은 중학교 자체보다는 자녀의 특성이나 진로가 우선 고려 대상이 되어야 한다.

A중학교처럼 교육열이 높고 경쟁이 치열한 학교는 입학해서 선행을 포함하며 공부를 많이 해야 한다. 그래야 상위권을 유지해 내신을 잘 받을 수 있다. 내신 관리가 안 되면 특목고 진학에 불리하게 작용하니 잘 따져 봐야 한다. 이런 학교는 도전적이고 분위기를 많이 타는 아이에게, 또 상위 1%의 성적으로 어디에 가도 잘할 자신감이 있는 아이에게 적

극 추천한다.

이와 반대로 B중학교는 열심히는 하지만 다소 소심하고 자신감이 필요한 아이들에게 잘 맞는다. 또 내신을 잘 받기 원하는 아이에게 유리하다. 하지만 고등학교에 진학했을 때 상대적으로 많아진 학습량과 치열한 내신 경쟁을 견디기 어려워할 수 있으니 감안해야 한다.

일반중 vs 국제중

일반중을 보낼 것인지 국제중을 보낼 것인지를 고민하는 부모가 꽤 많다. 후회 없는 결정을 하기 위해서는 이 고민 역시 내 자녀의 특성과 진로에 어떤 선택이 더 나을 것인지를 먼저 고려해야 한다.

국제중학교는 국제 관계에 전문성을 갖춘 인재 양성을 목표로 하기 때문에 일반중학교와는 교육 과정에서 차이가 많이 난다. 다양한 교육 프로그램은 물론 수준 높은 교사진을 갖추고 있고 일부 과목은 영어로 진행하기도 한다. 과거 국제중은 공부 잘하는 아이들이 진학할 수 있는 곳으로 유명세를 떨쳤다. 하지만 지금은 전산 추첨 선발로 바뀌면서 인기가 예전만 못하다. 게다가 1년에 들어가는 학비가 1,000만 원 정도나 된다.

추첨 선발과 높은 학비 부담에도 불구하고 국제중은 여전히 인기 있는데, 그 이유가 무엇일까? 학교 교육 과정과 프로그램에 대한 만족도가 높고 교사들에 대한 신뢰도가 높기 때문이다. 또한 이후 고등학교 진학에서도 일반고보다는 특목고 진학 비율이 매우 높다. 하지만 그만큼 경쟁도 치열하다. 공부를 어지간히 해서는 내신 관리가 되지 않고 일반중에 진학한 것만 못한 결과를 얻을 수도 있다.

국제중에 적합한 아이들은 사교육에 덜 의지하면서도 자기주도학습이 몸에 밴 아이들이다. 그래야 입학 후에 많은 양의 과제와 학습량을 감당할 수 있다. 또한 영어에 자신이 있는 아이들이 유리하다. 국제중은 담임 교사도 한국인 교사와 외국인 교사가 같이 맡고 수업도 영어와 한국어를 병행하는 경우가 많다.

만약 국제중학교에 입학했다면 일반고보다는 특목고 진학이 더 적합할 수 있다. 일반고는 교육 과정이나 분위기가 국제중과 너무 달라 적응하는 데 매우 힘들 수 있다.

공립중 vs 사립중

일반중학교의 경우 크게 국가에서 설립한 공립중학교와 개인이 설립한 사립중학교로 나뉜다. 이들 중학교의 경우 일반적인 공통 교육 과정으로 운영되기 때문에 큰 차이가 없다. 비용도 고등학교까지 의무화 교육이기 때문에 공사립 간 학비 차이도 없다. 그러다 보니 외형적으로 보면 별반 차이가 없다.

하지만 공립중학교와 사립중학교는 결정적으로 교사들의 구성원이 다르다. 공립 교사는 국가에서 채용하지만 사립 중학교는 학교 재단에서 뽑는다. 교육 내실화에 직접적인 영향을 끼치는 기간제 교사 비율도 공립보다 사립 학교가 3배 정도가 높은 것으로 알려져 있다. 또한 공립은 정기적으로 인사 이동이 이루어지지만 사립은 인사 이동이 없다. 이로 인해 공립보다는 사립이 그 학교만의 '분위기교풍'라는 것이 있기 마련이다. 분위기가 좋은 사립 학교는 명문 사립으로 이름을 날리지만, 분위기가 좋지 않은 사립 학교는 공립만도 못한 경우도 많다. 무엇보다 사립은 설립자의 건학 이념을 존중하기 때문에 이런 점도 잘 살펴보는 것이 중학교 선택에 큰 도움이 된다.

국제중 진학을 생각할 때 꼭 감안해야 하는 점이 하나 있다. 교육부는 지난 2020년에 초중등교육법 시행령을 개정해 2025년에 전국의 모든 자사고·외국어고·국제고를 모두 폐지하도록 했다. 예정대로 모두 폐지될지는 지켜봐야겠지만 예정대로 진행된다면 특목고를 진학하기 위한 국제중 진학은 이제 고려 대상이 아니다.

9장

5학년 아이를 둔 부모님에게

초등 5학년, 아이의 상태를 점검하고 재정비해야 할 때

아이가 초등학교에 입학하면 많은 부모가 희망에 부풀어 아이에게 온갖 기대를 갖는다. 그만큼 아이에 대한 관심도 높아져 이것저것 시키기 바쁘다. 그러다 점차 학년이 올라가면 관심이 줄어들게 된다. 모든 부모의 기대와 달리 공부를 잘하고 두각을 드러내는 아이는 한정되어 있기 때문이다. 처음에는 아이가 좋지 못한 성적을 받아 와도 어떻게든 공부시켜 성적을 만회해 보려 하지만 그것이 생각처럼 쉽지 않다. 5학년쯤 되면 아이를 옆에 끼고 억지로 공부시키는 것도 보통 일이 아니다. 또한 이 정도 되면 성적이 굳어져 더 이상 개선 가능성이 없어 보인다. 그래서 5학년쯤 되면 아이의 공부를 포기하는 경우가 많다.

하지만 5학년은 성적의 터닝 포인트 시기라고 할 수 있다. 지금까지 잘해 온 아이라도 제대로 학습 능력을 키웠는지 살펴보고, 부족한 부분을 보충해 줘야 앞으로도 성적 상승을 꾀할 수 있다. 또한 지금까지 실력이 저조했더라도 올바른 학습 능력을 길러 준다면 충분히 개선될 수 있다. 그러니 현재의 아이만을 보고 판단해서는 안 된다. 지금 이 순간 부모의 판단이 아이의 미래를 좌우한다.

필자가 이 시기의 아이를 둔 부모에게 당부하고 싶은 것은 아이는 부모의 판박이라는 사실이다. 아이에게 책을 읽으라고 소리치기 전에 나는 아이에게 어떤 모습을 보여 주고 있는지 생각해 보라. 아이가 커갈수록 아이의 문제는 곧 자신의 문제임을 인지하고 철저하게 자신을 돌아봐야 한다. 그러면 많은 문제가 해결될 것이다.

특히 아이의 문제점은 대부분 부모의 생각이나 언행에서 비롯된 경우가 많다. 지금부터는 자신의 모습을 되돌아보는 기회를 가졌으면 한다. 부모가 변하지 않으면 아이는 변하지 않는다. 부모가 먼저 자신의 문제를 성찰하고 고쳐야 비로소 아이의 변화를 기대할 수 있다.

아이는
믿는 만큼 자란다

부모의 편견과 생각이 아이에게 미치는 영향은 실로 어마어마하다. 한번은 한 형제를 2년 간격으로 가르친 적이 있었다. 그 형제는 둘 다 우수했다. 형은 차분한 성격에 1등을 놓치지 않았고 동생은 활달한 성격에 비록 1등은 아니지만 상위권을 유지했다. 그런데 상담을 통해 어머니가 형은 똑똑하지만 동생은 형보다 못하다고 생각해 왔음을 알게 되었다. 가르치는 입장에서는 동생 쪽이 훨씬 우수한 면이 많았음에도 말이다. 어머니의 생각은 확고한 믿음처럼 보였다. 그리고 5년 후 우연히 길거리에서 그 어머니를 다시 만났다. 반갑게 인사를 나누며 아이들은 어떻게 지내냐고 물었다. 그러자 어머니는 형은 고등학교에서도 전교 1등이라고 자랑했다. 그런데 동생에 대해 묻자 "선생님도 동생이 형보다 못한 것 아시잖아요. 형보다 많이 부족해요." 하면서 동생에 대한 자세한 언급은

회피했다.

　내가 보기에 비슷한 실력을 가진 형제의 삶이 나누어진 것은 어머니의 '형이 동생보다 낫다'라는 생각 때문이다. 동생이 결코 뒤처지지 않음에도 형보다 못하다는 엄마의 생각이 동생을 억눌러 아이가 가진 능력을 십분 발휘하지 못한 것이다.

　아이를 바꾸려면 부모의 생각부터 바꿔야 한다. 안 된다고 생각하면 안 된다. 어떤 생각을 자주 하다 보면 그 생각은 자기도 모르는 사이 믿음이 된다. 생각과 믿음은 그 경계가 모호해 분별하기 어렵다. 하지만 분명한 것은 믿음은 생각의 결과물이란 사실이다. 그리고 이것은 엄청난 힘을 발휘한다. 자녀 교육의 출발은 자녀에 대한 긍정적인 기대와 믿음에서 시작해야 함을 꼭 명심해야 한다.

금쪽같은 내 자식이
금쪽이 된다

사람의 생각은 보이지 않아서 그 생각을 가늠하기란 참 어렵다. 그러나 말을 통해서는 보이지 않은 생각의 실체가 드러난다. 말은 생각의 반영이기 때문이다.

부모가 자식에게 하는 말을 들어보면 부모의 생각을 금세 읽을 수 있다. 어떤 부모는 자식에게 끊임없이 부정적인 말을 퍼부어 자녀를 무너뜨리고 상처받게 한다. 하지만 어떤 부모는 끊임없이 긍정적인 말로 자녀를 격려해 주고 꿈을 선사한다. 자식 잘되지 말라는 부모가 어디 있겠는가. 하지만 부모가 아이에게 부정적인 영향을 주는 순간은 아주 찰나의 순간으로, 부모는 이를 눈치채지 못한다.

한번은 아이들에게 부모님에게 하고 싶은 이야기를 편지로 적어 보게 했다. 그러자 어떤 여자아이가 다음과 같은 편지를 적었다.

엄마는 내가 "난 평균이야! 꼴찌는 아니야!"라고 말하면 언제나 "평균이 꼴찌지 뭐야?"라고 말씀하신다. 그럼 난 속으로 '평균은 대부분의 아이들이 맞는 점수라는데, 그럼 우리 반 아이들은 모두 꼴찌겠네!'라고 생각한다. 난 엄마가 제발 그러지 않았으면 좋겠다.

엄마는 점수가 좋아도 이렇게 말씀하신다. "우연일 뿐이야." 수학경시대회에서 최우수상을 타도 "어쩌다 한 번?"이라고 말씀하신다. 시험을 잘 봐도 시큰둥, 시험을 못 봐도 시큰둥, 나보고 어떻게 하란 말인가?

엄마! 제발 좋은 결과를 받아 오면 "잘했다." 하면서 웃어 주시면 안 돼요? 맨날 '우연히' 이런 말만 하지 마시고요, 네? 그래도 잊지 마세요. 전 항상 엄마를 사랑해요.

이 아이는 공부도 꽤 잘하는 데다 얼굴도 예쁘고 춤도 잘 춰 친구들 사이에서 인기가 많았다. 그런데 엄마에게 쓴 편지를 통해 이 아이의 내면에 상처가 있음을 알게 되었다. 언제나 부정적인 말만 해주는 엄마에게서 받은 상처였다. 객관적으로 봐도 우수한 아이였지만 이 아이의 엄마는 칭찬과 격려 대신에 "우연일 뿐이야." "어쩌다 한 번!"과 같은 말로 아이에게 좌절감만 주고 있었다. 나중에 면담할 때도 그 아이의 엄마는 "우리 아이가 많이 부족하죠?"라는 말을 말끝마다 붙였다. 겸손의 표현이 아니라 실제로 그렇게 생각하는 듯했다. 아무리 우수한 아이라고 말해 줘도 쉽게 수긍하지 않는 눈치였다. 이 아이는 6학년이 되더니 공부와는 담쌓고 춤추는 것에만 관심을 보였다. 어차피 칭찬받지도 못하는 공부를 하느니 차라리 춤추는 것이 더 즐거운 것이다. 춤은 잘 추면 또래 친구들이 인정해 주고 부러워하니 말이다.

이런 아이들은 객관적으로 아무리 훌륭한 재능을 가지고 태어났어도 그 재능을 꽃피우기 힘들다. 자녀를 향한 부모의 부정적인 말 때문이다.

2학년 담임을 할 때 어떤 아이가 항상 이런 말을 썼다. '아빠의 금쪽같은 딸', '엄마의 금쪽같은 딸'이라고 말이다. 하도 신기해서 그 아이에게 물었더니 평소에 부모님이 자기를 그렇게 부른다는 것이었다.

이 아이는 그 당시 매우 똑똑하고 공부도 잘했는데 고학년이 되어서도 우수한 성적을 자랑하며 주변 사람들에게 인정받고 있었다. 말 그대로 '금쪽같은' 인생을 살아가고 있었다. 이 아이를 금쪽같은 인생으로 이끈 것은 다름 아닌 부모의 말이라고 생각한다. 부모가 자녀를 금쪽같이 생각하고 그것을 실제 말로 표현함으로써 아이에게 자신감과 긍정적인 에너지를 선사한 것이다.

"어떤 말을 10만 번 하면 그 일이 이루어진다" 이는 말의 위력이 대단함을 알려 주는 인디언 속담이다. 부모의 말은 자녀의 인생이라는 밭에 뿌려진 씨앗과도 같다. 오늘 아이의 인생 밭에 무슨 씨를 뿌렸는가 생각해 보길 바란다.

끊임없이
신뢰의 메시지를 보내라

사람은 누군가로부터 인정받고 신뢰받아야만 살 수 있는 존재다. 인정과 신뢰는 그 사람을 정서적으로 안정시킬 뿐만 아니라 때로는 흥분시키기도 한다. 특히 어렸을 때 부모에게 받는 신뢰는 대단히 중요하다. 어린아이에게 부모는 그 누구보다도 중요한 타자significant others이기 때문이다.

학교에서 보면 부모에게 신뢰받지 못하는 아이들은 티가 난다. 자기 소신껏 행동하지 못하고 주변 눈치 보기 바쁘다. 또한 거짓말을 자주 하며 정서가 불안해 보인다. 이런 정서 상태의 아이가 공부를 잘하기란 어렵다. 자녀가 공부를 잘하길 바란다면 자녀를 신뢰하고 그 신뢰감을 자녀에게 표현해야 한다.

발명왕 에디슨Thomas Alva Edison 역시 엄마가 보여 준 무한한 신뢰 덕분에 후세에 이름을 남기는 위인이 될 수 있었다.

어려서부터 엉뚱한 일을 일삼던 에디슨은 초등학교 입학 3개월 만에 퇴학을 당했다. 학교에 불려간 에디슨의 어머니에게 담임 선생님이 말했다.

"어머니, 에디슨은 저능아라서 학교에서는 도저히 못 가르치겠어요. 어머니가 집에서 가르치는 것이 좋겠어요."

에디슨의 어머니는 하늘이 무너지는 것 같았지만 정신을 차리고 침착하게 말했다.

"저능아라니요. 선생님, 이 아이는 그저 호기심이 많을 뿐이에요."

그리고 에디슨에게 말했다.

"너는 호기심이 아주 많은 아이란다. 그 호기심을 살리면 훌륭한 발명가가 될 수 있단다. 엄마는 너를 사랑한다. 네가 자랑스럽다."

그렇게 말하면서 에디슨을 꼭 껴안아 주었다.

이렇게 에디슨을 믿어 주는 엄마가 없었더라면 세기의 발명왕 에디슨은 탄생하지 못했을 것이다. 만약 엄마도 선생님과 같이 "이 바보 같은 녀석아! 엄마 속을 이렇게 썩이다니. 너 같은 녀석은 꼴도 보기 싫다."라고 맞장구쳤더라면 에디슨은 아마 사회 부적응자가 되었을 것이다.

그만큼 부모가 자녀에게 보여 주는 신뢰는 대단히 중요하다. 부모는 자녀에게 끊임없이 긍정적인 신뢰의 메시지를 보내야 한다. 그것은 말이 될 수도 있고 행동이 될 수도 있다.

수업 중 부모님의 사랑을 느낀 순간을 적어 보는 시간이 있었다. 한 아이가 '아빠가 말없이 머리를 쓰다듬어 주실 때'라고 적은 것을 보았다. 이 아이는 아빠가 머리를 쓰다듬어 주는 불과 2~3초 사이에 아빠의 신뢰와 사랑을 느낀 것이다.

부모라면 자녀에게 이런 신뢰의 메시지를 보내는 방법 한두 가지 정도는 가지고 있어야 한다. 자녀는 부모의 신뢰를 자양분으로 무럭무럭 자라는 법이다.

에필로그

5학년은 붙잡았던 손을
놓아야 할 때

　부모가 자녀를 위해 할 수 있는 일은 무엇이며 해야 할 일은 무엇일까? 부모라면 누구나 고민하는 사항일 것이다. 다음 시를 감상하며 부모인 내가 무엇을 할 수 있을지 생각해 보기를 바란다.

　우리가 할 수 있는 일

작자 : 미상

　너를 이 세상에 태어나게 한 건 우리지만
　너를 대신해 인생을 살아 줄 수는 없구나.
　너를 가르쳐 줄 수는 있지만
　배우는 일은 너의 몫이다.
　너에게 방향을 제시해 줄 수는 있지만
　언제나 네 곁에서 이끌어 줄 수는 없구나.

너에게 자유롭게 살라고 허락할 수는 있지만
네가 행한 자유에 대한 책임은 너의 것이다.

너에게 옳고 그른 것을 가르칠 수는 있지만
항상 너 대신 결정을 내릴 수 없구나.
너에게 좋은 옷은 사줄 수 있지만
내면의 아름다움까지 사줄 수는 없구나.
너에게 충고는 해줄 수 있지만
충고를 받아들이는 건 네 몫이다.

너에게 진정한 친구가 되는 법을 가르쳐 줄 수는 있지만
네가 누군가에게 진정한 친구가 되도록 할 수는 없구나.
너에게 성에 대하여 가르칠 수는 있지만
순결한 사랑을 지키는 것은 너의 몫이다.

너에게 친절한 미덕을 가르칠 수는 있지만
관대함을 강요할 수는 없구나.

너에게 세상의 험악함과 죄에 대한 경고는 할 수 있지만
네가 도덕적인 인간으로 살아가는 것은 너의 몫이니라.

"너에게 방향을 제시해 줄 수는 있지만 언제나 네 곁에서 이끌어 줄 수는 없구나"라는 시구가 가슴 깊숙이 들어온다. 이 짧은 말 속에 부모의 역할에 대한 해답이 숨어 있다고 생각한다. 아이에게 가치 있고 의미 있는 방향을 제시해 주는 것이 부모의 역할이 아닐까? 언젠가는 아이를 붙잡고 있던 손을 놓고 그 손으로 아이에게 진정한 방향을 알려 줘야 한다. 그 이후의 과정은 전적으로 자녀의 몫으로 남겨 두어야 한다.

그리고 그 시기를 잘 정하기 위해서는 부모의 통찰력과 지혜가 필요하다. 너무 일찍 놓아 버리면 무섭고 두려워 제대로 나아가지 못할 것이고, 너무 늦게 놓아 버리면 스스로의 힘으로 나아가지 못하기 때문이다.

초등 5학년은 꼭 붙잡았던 손을 놓아야 할 때다. 과감히 놓고 자신의 길을 개척해 나갈 수 있도록 북돋아야 한다. 반대로 이제까지 아이에게 소홀했다면 아이의 손을 꼭 붙잡고 이야기해 주어야 한다. 이제까지 손 내밀어 주지 않은 것에 대한 미안함과 애틋함을 전해야 한다.

잡았던 손은 놓고, 그동안 놓았던 손은 잡아야 하는 게 초등 5학년이

다. 그래서 더 어렵고 힘들다. 하지만 아직 무언가가 완성된 학년이 아니기에, 아이를 향한 희망을 다시 품을 수 있는 시기임을 강조하며 이 글을 맺고자 한다.

마지막으로 이 책의 집필에 도움을 준 분들께 감사의 마음을 전한다. 이와 더불어 언제나 좋은 것을 아끼지 아니하시고 생각지도 못한 놀라운 지혜를 주시는 하나님께 감사를 드린다.

아이의 성적격차가 갈리는
초5 공부의 비밀

초판 1쇄 인쇄 2022년 2월 25일
초판 3쇄 발행 2023년 4월 10일

지은이 송재환 펴낸이 김종길 펴낸 곳 글담출판사

기획편집 이은지·이경숙·김보라·김윤아 마케팅 성홍진
디자인 손소정 홍보 김민지 관리 김예솔

출판등록 1998년 12월 30일 제2013-000314호
주소 (04029) 서울시 마포구 월드컵로 8길 41(서교동)
전화 (02) 998-7030 팩스 (02) 998-7924
페이스북 www.facebook.com/geuldam4u 인스타그램 geuldam
블로그 http://blog.naver.com/geuldam4u

ISBN 979-11-91309-21-8 (03370)
＊ 책값은 뒤표지에 있습니다.
＊ 잘못된 책은 구입하신 곳에서 바꾸어 드립니다.

일러두기
이 책은 『초등 5학년 공부법』 개정판으로, 개정 교육 과정을 반영하여 내용을 전면 수정하였습니다.

만든 사람들_____
책임편집 이경숙 디자인 디자인_su: 교정·교열 김익선

글담출판에서는 참신한 발상, 따뜻한 시선을 가진 원고를 기다리고 있습니다.
원고는 글담출판 블로그와 이메일을 이용해 보내주세요. 여러분의 소중한 경험과 지식을 나누세요.
블로그 http://blog.naver.com/geuldam4u 이메일 to_geuldam@geuldam.com